JN081619

＼結果を引き出す／

新装版

大人のほめ言葉

日本ほめる達人協会 理事長
西村貴好

同文舘出版

はじめに

「ほめ達」（ほめる達人）として年間２万人以上の方に「ほめる」ことを指導している私は、もともと「ダメ出しの達人」でした。人の“できていないところ”を探すという才能（？）を活かし、19年前にある会社を立ち上げます。それは、覆面調査会社。飲食店やサービス業の経営者から依頼を受けて、問題点や改善点を探す、粗探しの仕事です。

覆面調査では、徹底的にダメ出しをしました。それが相手のためになると、当時は考えていたからです。ところが、結論から言いますと、どれほど正しいことを証拠とともに伝えたところで、結果は変わりません。瞬間的には改善されてもまた別の問題が持ち上がる、モグラ叩きのような状態でした。

ダメ出しにほとほと疲れ果てた私は、あるとき、まったく逆の挑戦をしてみることにしました。無理矢理にでもいいところを探して、その点を報告することにしたのです。

ある焼き鳥チェーンからの依頼で調査に入ってみると、なかなかほめるところの見つからないお店でした。

そんな中、ある女性アルバイトスタッフの姿が目に留まります。お客様が帰られたあと、誰も見ていないところで、一所懸命にテーブルを拭いている。お客様が帰られるたびに、客席のテーブルをチェックして忘れ物がないかを確認し、忘れ物があればレジまで必死に走っていく。

そんな、彼女のひたむきな仕事ぶりを中心とした調査報告書を作成しました。

実は彼女、仕事は丁寧だけれど遅い、仕事を覚えるのにも時間がかかる、“ダメダメスタッフ”の烙印を押されかけていました。忙しくなるとミスで周りの足を引っ張ることもあり、店長が辞めてもらわなければと思いかけていたほどの存在だったのです。

ところが、貼り出された報告書を穴があくほど眺めている彼女の様子を見て、店長はこう言いました。

「ちか、お前の仕事の丁寧さをこの店の基準にしたい。だから、遅くてもいいから、時間かかってもいいから、その丁寧さだけは失わないでほしい」

そこから彼女は、丁寧さを失わないままで、徐々に仕事のスピードが上がり、ミスが減っていきました。また、自分の失敗の経験を活かし、後輩に仕事を教えるのも上手なスタッフになりました。そして店長の言葉から３ヶ月後、なんと彼女は焼き鳥チェーン６店舗130人のアルバイトスタッフの中で、最優秀スタッフとして表彰されるほどの成長を遂げたのです。

もう１人、中途採用で保険会社に入った40代の男性がいました。

保険営業の経験も、商品知識もない状態からのスタート。人脈もコネもない彼にできることは、ただ足を使い、見知らぬお客様のもとへ飛び込み訪問をし続けることだけ。当然と言うべきか、結果はまったく出ない状況でした。そんな中、１人の若い上司が、その年上の部下に声をかけます。

「その行動力、本当にすごいですね！」

結果はまったく出ていないのに、行動の量をほめたのです。

すると、数ヶ月後、不思議なことにその部下の成績が上がり出しました。

結果が出てから「ほめる」では、遅いのです。
結果が出る前から「ほめる」から、結果が出るのです。

私は彼・彼女から貴重なことを学び、「ほめる達人」になるという生き方を選びました。
彼・彼女から学んだこと、それは、今できていることころにスポットを当て、ほめ、認めることで、人は驚くほど成長するのだということ。
目の前の人の成長を妨げてきたのは、マイナスのラベルを貼っていた自分自身であること。
そして、「ほめ言葉」を使うことで自分の心が整い、人生が豊かになっていくのだということ。

人の可能性を閉ざす言葉もあれば、才能を拓き、未来を輝かせる言葉もあります。
本書には、誰かの可能性を拓く言葉、あるいは、誰かの一生を支えるような言葉がたくさん散りばめられています。
そして、それらの言葉は、あなた自身の可能性をも拓いてくれます。
ぜひ、今日から使ってみてください。

本書は、2017年刊行の『結果を引き出す 大人のほめ言葉』に加筆修正し、装丁を新たにした新装版です。

新装版　結果を引き出す 大人のほめ言葉 目次

2章 日々の業務にも「ほめ」を取り入れる

4章 相手の個性別ほめフレーズ

5章
会う前から 人の心をつかむ「ほめ」

6章

「ほめ」でお客様から応援される関係になる

7章

言葉だけじゃない!
ワンランク上の「ほめ」テクニック

8章

家族・身近な人もほめて人生をもっとハッピーに

装丁・本文デザイン・DTP:ホリウチミホ(nixinc)
編集協力:安部優薫 制作協力:松本秀男

本書の使い方

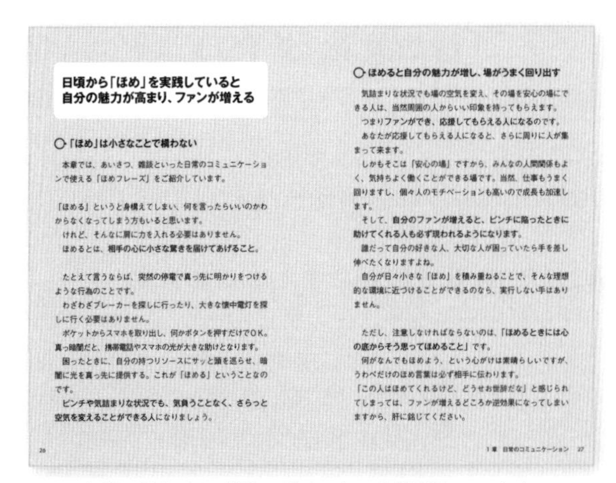

日頃から「ほめ」を実践していると
自分の魅力が高まり、ファンが増える

◯「ほめ」は小さなことで構わない

本章では、あいさつ、雑談といった日常のコミュニケーションで使える「ほめフレーズ」をご紹介しています。

「ほめる」というと身構えてしまい、何を言ったらいいのかわからなくなってしまう方もいると思います。
けれど、そんなに肩に力を入れる必要はありません。
ほめるとは、相手の心に小さな驚きを届けてあげること。

たとえて言うならば、突然の停電で真っ先に明かりをつけるような行為のことです。
わざわざブレーカーを探しに行ったり、大きな懐中電灯を探しに行く必要はありません。
ポケットからスマホを取り出し、何かボタンを押すだけでＯＫ。真っ暗闇だと、携帯電話やスマホの光が大きな助けとなります。
困ったときに、自分の持つリソースにサッと頭を巡らせ、暗闇に光を真っ先に提供する。これが「ほめる」ということなのです。
ピンチや気詰まりな状況でも、気負うことなく、さらっと空気を変えることができる人になりましょう。

◯ほめると自分の魅力が増し、場がうまく回り出す

気詰まりな状況でも場の空気を変え、その場を安心の場にできる人は、当然周囲の人からいい印象を持ってもらえます。
つまりファンができ、応援してもらえる人になるのです。
あなたが応援してもらえる人になると、さらに周りに人が集まって来ます。
しかもそこは「安心の場」ですから、みんなの人間関係もよく、気持ちよく働くことができる場です。当然、仕事もうまく回りますし、個々人のモチベーションも高いので成長も加速します。
そして、自分のファンが増えると、ピンチに陥ったときに助けてくれる人も必ず現われるようになります。
誰だって自分の好きな人、大切な人が困っていたら手を差し伸べたくなりますよね。
自分が日々小さな「ほめ」を積み重ねることで、そんな理想的な環境に近づけることができるのなら、実行しない手はありません。

ただし、注意しなければならないのは、「ほめるときには心の底からそう思ってほめること」です。
何がなんでもほめよう、という心がけは素晴らしいですが、うわべだけのほめ言葉は必ず相手に伝わります。
「この人はほめてくれるけど、どうせお世辞だな」と感じられてしまっては、ファンが増えるどころか逆効果になってしまいますから、肝に銘じてください。

26　　1章　日常のコミュニケーション　27

各章のはじめに「章のポイント」を説明しています。

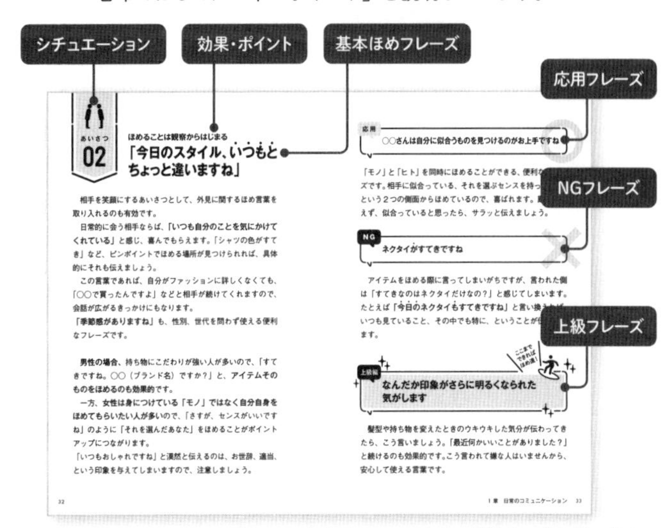

あいさつ 02

ほめることは観察からはじまる

「今日のスタイル、いつもとちょっと違いますね」

相手を笑顔にするあいさつとして、外見に関するほめ言葉を取り入れるのも有効です。
日常的に会う相手ならば、「いつも自分のことを気にかけてくれている」と感じ、喜んでもらえます。「シャツの色がすてき」など、ピンポイントでほめる場所が見つけられれば、具体的にそれも伝えましょう。
この言葉であれば、自分がファッションに詳しくなくても、「〇〇で買ったんですよ」などと相手が続けてくれますので、会話が広がるきっかけにもなります。
「季節感がありますね」も、性別、世代を問わず使える便利なフレーズです。

男性の場合、持ち物にこだわりが強い人が多いので、「すてきですね。〇〇（ブランド名）ですか？」と、アイテムそのものをほめるのも効果的です。
一方、**女性は**身につけている「モノ」ではなく自分自身をほめてもらいたい人が多いので、「さすが、センスがいいですね」のように「それを選んだあなた」をほめることがポイントアップにつながります。
「いつもおしゃれですね」と漠然と伝えるのは、お世辞、適当、という印象を与えてしまいますので、注意しましょう。

応用　〇〇さんは自分に似合うものを見つけるのがお上手ですね

「モノ」と「ヒト」を同時にほめることができる、便利なフレーズです。相手に似合っている、それを選ぶセンスを持っ……という２つの側面からほめているので、喜ばれます。……えず、似合っていると思ったら、サラッと伝えましょう。

NG　ネクタイがすてきですね

アイテムをほめる際に言ってしまいがちですが、言われた側は「すてきなのはネクタイだけなの？」と感じてしまいます。たとえば「今日のネクタイもすてきですね」と言い換え……いつも見ていること、その中でも特に、ということが……ます。

上級編　なんだか印象がさらに明るくなられた気がします

ここまでできればほめ達！

髪型や持ち物を変えたときのウキウキした気分が伝わってきたら、こう言いましょう。「最近何かいいことがありました？」と続けるのも効果的です。こう言われて嫌な人はいませんから、安心して使える言葉です。

32　　1章　日常のコミュニケーション　33

1項目につき4つのフレーズやコツを紹介しています。「基本」「応用」「NG」「上級」それぞれのフレーズと解説のほか、「シチュエーション」や「効果・ポイント」も参考に、お好きなところからお読みください。

著者特選

「ほめ言葉」ダイジェスト

さまざまな場面で使えるほめ言葉をピックアップしました。時間のない方は、このフレーズだけでも覚えてください。

❶「ほめ」の基本と、特に使える「ほめ言葉」

・話の聞き方8つのポイント(目を見る、うなずく、あいづちを打つ、繰り返す、メモを取る、要約する、質問する、感情を込める)➡161ページ

・3S(スリーエス)×S(かけるエス)(「すごい」「さすが」「素晴らしい」×サンドイッチ)➡168ページ

「がんばっていたもんね」➡188ページ　「完璧！」➡191ページ

❷日常使いしたい「ほめ言葉」

「あっ、おはよう」➡30ページ　「いつも助かってます」➡64ページ

「今の話、ちょっとメモ取らせてもらっていい？」➡82ページ

「どうしたの？　珍しいね」➡89ページ　「雰囲気ありますよね」➡129ページ

「○○さんにほめられると、さらに気合が入ります」➡146ページ

「それ、面白そうだね」➡187ページ　「尊敬するよ」➡189ページ

❸ピンチで使える「ほめ言葉」

「今、お言葉をかみしめていました」➡39ページ

「この数字を達成したら何人の人を笑顔にできるだろうね」➡50ページ

「このミスをどう活かす？」➡87ページ

「そうくるか！」➡104ページ

「長くおつき合いしたいので本音でお話しさせてください」➡151ページ

❹印象アップできる「ほめ言葉」

「聞き上手ですよね」➡35ページ　「○○さんって別格ですよね」➡75ページ

「さすがの質問です！　ありがとうございます」➡60ページ
「きみらしくないよ」➡88ページ
「任せたよ。責任は全部俺が取る」➡95ページ
「やっとお会いできました」➡127ページ
「その言葉だけで3年はがんばれます」➡147ページ

❺ 元気を引き出す「ほめ言葉」

「気づきの目盛りが細かいねー」➡37ページ
「さっそくご対応いただきありがとうございます。おかげで私の仕事が2日分くらい進みました！」➡41ページ
「成長が待ってるね」➡53ページ　「いつもながら、完璧」➡83ページ
「悔しいということはがんばった証拠。よくやったな」➡85ページ
「結果までもう一息！ 成長しているよ」➡91ページ
「『3年先の稽古』だね。見てくれている人は必ずいるよ」➡189ページ

❻ 使ってませんか？　NGワード

×「ネクタイがすてきですね」➡33ページ
×「きみに任せたよ」➡51ページ　×「勉強になります」➡81ページ
×「いつもおいしそうなもの食べていらっしゃいますよね」➡129ページ
×「いえいえ、めっそうもない！」➡147ページ
×「さすがプロですね」➡155ページ
×「がんばって！」➡185ページ　×「○○は頭いいもんね」➡189ページ

❼ ここ一番、とっておきの「ほめ言葉」

「興奮するね！　これが成功したら伝説になるよ」➡53ページ
「ここからは俺の出番だな、ほれるなよ」➡89ページ
「○○さんの出番を作ることが昔からの夢でした」➡97ページ
「私淑（ししゅく）させていただいています」➡139ページ
「自分のDNAを誇りに思うよ」➡197ページ

「ほめ」とはどんなことか、「ほめる」と何が変わるのか

正しいほめ方さえ身につければ、必ず結果は現われる

「ほめて伸ばす」という考え方が、このところ世の中に浸透してきました。特にビジネスの場において加速していると実感しています。

けれど、「ほめる」ということにネガティブな印象を持つ人もいます。

「相手を甘やかすことになるんじゃないか」「他者に迎合することになるのでは」、そう考える人が一定数いることはたしかです。

また「ほめ」が大切だとわかってはいるけれど、具体的にどのようにすればいいのかわからない、なかなか最初の一歩が踏み出せないと感じている人も多いのではないでしょうか。

結論から言います。

正しいほめ方さえ身につければ、必ず、あなたが望むような結果が現われます。

部下や子どもがさらに成長し、業績や成績が上がる。良好な人間関係ができ、自分自身の心も整う。そして、安心に包まれながら、一度きりの人生を心豊かに生きていく。

本書でご紹介するほめ言葉のフレーズは、すべて実際に使われ、効果を発揮してきたものばかりです。

それぞれの場面に合わせて使っていただけるように、状況ごとに整理して構成していますが、職場だけでなく、身近な人とのコミュニケーションで使えるものばかりです。ぜひ、実際に使ってみてください。

まずは使いやすいものから試してみる。これが一番です。

「ほめる」ことは「実践から」です。頭の中で考えているだけでは何も状況は変わりません。

いったん「ほめる」ことをはじめると、もうやめられなくなります。なぜならば、ほめはじめると、いいことしか起こらなくなるので病みつきになるのです。また、次から次へとほめたくなるような状況が現われます。

最初の一歩を踏み出すかどうか、ここが大きな違いです。その一歩を踏み出すヒント、これが本書でご紹介しているほめ言葉なのです。

私は一般社団法人日本ほめる達人協会の理事長として、多くの方に「ほめ」を伝えています。そして、私の話を聞いて「ほめ」を実践した方たちから、次のような報告を数多く受けています。

「部下に『ありがとう』を言うように心がけるようになってから、頼んだ仕事以外にも『これもやっておきました』と前向きに業務をしてくれるようになった」

「誰かをほめようと考えたことがなかったが、ほめ方を考えるようになった。人のいいところを探そうとすると、なんとなく自分の心が楽になった」
「何よりも、家庭が変わった。意識の持ち方と言葉1つで、こんなにも劇的に変わるとは、びっくり。あのまま、ほめることを知らずにいたらと思うとゾッとする」

こんな風にほめることの効果や体験をご紹介すると、話がうま過ぎて怪しい広告のように見えてしまうかもしれませんね。

私たちほめる達人協会では、「ほめ」をさらに広めるため、同志社大学の太田 肇教授と共同で「ほめ」の検証実験を行なっています。

実験では、「ほめ」を実践することで働く人のモチベーションが向上する、営業成績も上がるという明確な検証結果を得ました（詳しくは協会のホームページをご覧ください）。

また「ほめ」に関して、脳科学・カウンセリング・コーチング・NLP・ファシリテーション・心理学・交流分析などの学問的見地から体系化し、理論的な裏づけも行なっています。

しかし、繰り返しになりますが、「ほめる」ことは、理論・理屈ではなくて、実践こそすべてなのです。

もし、時間がない方は、このあとの**「ほめ上手」になるための基本**だけをお読みいただいて、さっそく各章のフレーズ紹介のページにお進みください。

ほめる人生のスタートにふさわしいフレーズが、きっと見つかります。

そして、一歩足を踏み出してください。ほめ言葉を口に出して伝えてみてください。

本当の勇気とは、怖さを知らないことではありません。怖さを知りながら、一歩前に足を踏み出す。これが本当の勇気です。

ほめることにお金はかかりませんし、ほめてよくなることはあっても、誰かとケンカになったり不仲の原因になることは、まずありません。

最初は半信半疑でもいいので、本書の中から使えそうなものを一度実践してみてください。

ほめるとは「価値を発見して伝える」こと

私たち協会が定義する**「ほめる」とは、人・モノ・出来事の「価値を発見して伝える」こと**です。

ダイヤモンドも、周りの見えない暗闇では石ころと同じです。ダイヤのように**価値のあるモノでも、それが伝わっていなければ価値がないのと同じ**なのです。しかし、明かりがついてその石ころがダイヤだと気づいた途端、そこに価値が生まれます。

職場や家庭で、この明かりの役割をするのが「ほめ」なのです。

たとえばほめるところがないように見える部下でも、契約は全然取れないけれど、誰より数多くアポイントの電話をかけている、いつも書類にミスが多いけれど、朝会うと最高の笑顔であいさつをしてくれる……など、探せばいいところが見つかるはずです。

本当に「ほめるところがない」のか、明かりをつけられないのか、もう一度「価値」を探してみませんか？

「ほめ」に必要なのは観察力と変換力、そしてそれを伝える力

では「価値を発見して伝える」には、どうすればいいのでしょうか。

必要なのは「観察力」と「変換力」、「伝える力」です。

どうしてもほめるところが見つからない人がいたら、いったん「ほめるところがない」というマイナスイメージをゼロにして、よく観察してみてください。

たまたまでも、まぐれでもいいので、その人がいい言葉を言ったり、その人のおかげでいい結果を生んだりしたことはないでしょうか？

偏見や先入観を捨て、**「ほめるところを探す」と意識して観察していれば、必ずプラスな面を見つけられるはず**です。

本書で何回も登場しますが**「マイナスをプラスに変換」**することも、価値の発見に役立ちます。

「生意気だな」と感じる部下は、見方を変えれば「元気があって積極的」。「要領が悪い」人は、「真っ直ぐでずるさがない」。

このように**短所を長所に変換して捉える力**が、ほめの上達には欠かせません。

価値を発見できたら、それを「伝える」ことでほめは完成します。

慣れないうちは、恥ずかしさや、相手がどう捉えるだろうか、という不安もあると思います。

せっかく発見した価値も、伝えなければ存在しないのと同じことですから、一歩踏み出して伝えてみましょう。

最初はぎこちなくても構いません。**意識してほめ続ければ、やがてそれが体に染みついて習慣になります。**

「ほめ上手」になるための基本

それでは、さっそく「ほめ」を実践する際の基本となる事柄をお伝えします。これは、ビジネス・プライベートにかかわらず、頭に入れておいていただきたい「ほめの基本」です。

最初にご紹介するのはほめの「３Ｓ(スリーエス)」です。

これさえ押さえておけば、ほめ慣れていない人でも一気に「ほめ上手」になれる魔法のフレーズです。

①すごい！　②さすが！　③素晴らしい！

この３つを**ログセにして、反射的に使えるように**しましょう。

部下から何かアクションがあったとき、会議の場で、取引先の担当者との打ち合わせ中、どんな場面でも「まずほめる。あとはそれから考える」という精神で、まずはこの３つの言葉を口にします。

すると、不思議なくらいにほめる内容はあとからついてきます。

◯ 話の聞き方も「ほめ」には欠かせない

次にお伝えしたいのが、相手の話を「意識して聞く」ということです。

「ほめる」というと「話すこと」だと考えがちですが、実は**「聞くこと」によって相手への関心を示すことも、とても重要**なことです。

一般的に、尊敬する人や好きな人、目上の人には聞く姿勢を示しても、尊敬できない人、嫌いな人、目下の人の話はきちんと聞かない、という傾向があります。

パナソニック創業者の松下幸之助さんは「聞くこと」の達人でした。

若手社員の話をじっと聞き、最後には「勉強になったわ」と感謝を伝えるのです。ですので、どんな若い人も彼には真剣に話し、それだけに情報もたくさん集まってきたそうです。

具体的な方法については161ページで詳しく説明しますが、

①目を見る、②うなずく、③あいづちを打つ、④繰り返す、⑤メモを取る、⑥要約する、⑦質問する、⑧感情を込める

この８つを実行すると、「自分のことをすごく認めてくれている」と相手は感じてくれます。

３Ｓを意識して日々を過ごし、話を聞くときには８つのポイントを頭の片隅に置いておく、これだけであなたの「ほめレベル」はグッと上がります。

さあ、「ほめの種」を蒔こう!

本書では、これらの基本を踏まえた上で「ほめ」を身につけたいけれどほめられない、ほめ方がわからない、という方が、いつでもパッと取り出して確認できるよう、日常よくある場面で「どうほめたらいいのか」の具体例をお伝えしています。

もちろん、ご紹介しているフレーズはどれも一例ですので、ご自分の状況に合わせてアレンジを加えてください。

中には、質問やお礼の言葉なども「ほめ」として出てきます。これらは一見すると「ほめているの？」と感じる方もいるかもしれません。

質問をするということは、相手のことを知りたい、参考にしたいということです。つまり、相手に価値を見出しているということですから、これも立派な「ほめ」なのです。

また、感謝を伝えることもほめの重要な要素です。

人は誰かの役に立っていることを自覚したい、誰かから感謝されたい生き物です。

ですから、**その人やその人がしてくれたことに価値を見つけ、それを伝えるのはとても大切なこと**です。

そして忘れてはならないのが**「ほめは種蒔き」**ということです。種を蒔いて、すぐに結果が出ることはありません。蒔いた地面をじっと見ていると退屈で、しんどくなってきます。

「ほめる」種蒔きを楽しむコツは、**蒔いたことを忘れること。そして、蒔いたことを忘れるほど、次の種を蒔き続けること**です。

人は影響を受けずにはいられないものですから、忘れていたところから、やがて芽が出て、花が咲きます。

その風景を見ることができたとき、心の底からの感動が生まれます。

どうか皆さんも本書を参考に、まずは自分が使えそうなところから、種を蒔いてみてください。

３ヶ月後、半年後、驚くほどチームの雰囲気がよくなり、自分も周囲も成長していることに気づくはずです。

home
kotoba

1章

日常のコミュニケーション

日頃から「ほめ」を実践していると自分の魅力が高まり、ファンが増える

「ほめ」は小さなことで構わない

本章では、あいさつ、雑談といった日常のコミュニケーションで使える「ほめフレーズ」をご紹介しています。

「ほめる」というと身構えてしまい、何を言ったらいいのかわからなくなってしまう方もいると思います。
けれど、そんなに肩に力を入れる必要はありません。
ほめるとは、**相手の心に小さな驚きを届けてあげること。**

たとえて言うならば、突然の停電で真っ先に明かりをつけるような行為のことです。
わざわざブレーカーを探しに行ったり、大きな懐中電灯を探しに行く必要はありません。
ポケットからスマホを取り出し、何かボタンを押すだけでＯＫ。真っ暗闇だと、携帯電話やスマホの光が大きな助けとなります。
困ったときに、自分の持つリソースにサッと頭を巡らせ、暗闇に光を真っ先に提供する。これが「ほめる」ということなのです。
ピンチや気詰まりな状況でも、気負うことなく、さらっと空気を変えることができる人になりましょう。

ほめると自分の魅力が増し、場がうまく回り出す

気詰まりな状況でも場の空気を変え、その場を安心の場にできる人は、当然周囲の人からいい印象を持ってもらえます。

つまり**ファンができ、応援してもらえる人になる**のです。

あなたが応援してもらえる人になると、さらに周りに人が集まって来ます。

しかもそこは「安心の場」ですから、みんなの人間関係もよく、気持ちよく働くことができる場です。当然、仕事もうまく回りますし、個々人のモチベーションも高いので成長も加速します。

そして、**自分のファンが増えると、ピンチに陥ったときに助けてくれる人も必ず現われるようになります。**

誰だって自分の好きな人、大切な人が困っていたら手を差し伸べたくなりますよね。

自分が日々小さな「ほめ」を積み重ねることで、そんな理想的な環境に近づけることができるのなら、実行しない手はありません。

ただし、注意しなければならないのは、**「ほめるときには心の底からそう思ってほめること」**です。

何がなんでもほめよう、という心がけは素晴らしいですが、うわべだけのほめ言葉は必ず相手に伝わります。

「この人はほめてくれるけど、どうせお世辞だな」と感じられてしまっては、ファンが増えるどころか逆効果になってしまいますから、肝に銘じてください。

ほめるとファンが増えるのは心の余裕が伝わるから

また、心に余裕がないと周りの人を「ほめる」ことはできません。したがって**「ほめる」ということは、自分の心にゆとりがある、余裕があるのだと、周りに伝えることでもある**のです。

ありがたいことに、こちらがそのように意識していなくても、聞いている方は、この人は心にゆとりがある人だな、と感じてくれます。

そして、いつでも、会うたびにそのようなゆとりを感じさせる行動を見せられる人もまた、あなたのファンになってくれるでしょう。

心にゆとりのある人と、いつもゆとりなくギスギス、ザラザラした感触を相手に与える人、そのどちらの人と、一度きりの人生を生きていきたいですか？

ほめる人生とは、心にゆとりを持って生きる人生であり、ほめるとは、そのようにして生きていく仲間を集める、人としての在り方なのです。

「あと出しジャンケン」でほめフレーズをストックしよう

この人、うまいこと言うな！　と思う人、いますよね。そんな人たちがやっていることをお教えします。

それは、**「あと出しジャンケン」**です。あと出しジャンケンとは、相手が出した手を見て、こちらが出す手を考えて、勝てる手を出すということ。

ジャンケンではルール違反ですが、ビジネスや日常ではＯＫです。

素早くその場面に対応して機転の利いたことを言うのが苦手であっても、時間が経ってからなら、うまい表現を考えることは、意外とできるものです。

皆さんも「あぁ、あのときこう言えばよかった！」とその場面が過ぎ去ってから後悔したことはありませんか？

そんなときは、**「次に同じような場面が来たら使おう」と、思いついた言葉を、頭の中の引き出しに入れておく**ようにするのです。

そして、実際にそのような場面が来たときに、ここぞとばかりに使うのです。これがあと出しジャンケンです。

相手は、あと出しということを知りませんから、この人すごいな、魅力的だな、となるのです。

これを繰り返していると、**いつの間にか自分の頭の引き出しに言葉のストックがどんどんたまり、どんな場面でもすてきな言葉が返せるようになり**、強力な印象アップにつながります。

この章では、職場でもプライベートでも使える「ほめ」のエッセンスを散りばめています。

使えそうだな、こういう場面によく遭遇するな、という項目があったら、頭の中の引き出しに入れ、積極的にチャンスを作って使ってみてください。

日常に驚きを加えて好印象を
「あっ、おはよう」

社内外問わず、誰かに会ったときに必ずする「あいさつ」。この「あいさつ」に少しの工夫を加え、自分も相手も笑顔になれれば、お互いに「今日１日いいスタートが切れたな」と気持ちが上向きます。「あいさつ」に小さな感嘆詞をプラスすることから「ほめ」をはじめてみましょう。

さらに「今日もすてきな笑顔ですね」と続けます。

相手が笑顔じゃなかったらほめられないじゃない、という方もいるかもしれません。そんなときは**まず自分が最高の笑顔を作ればいい**のです。

笑顔は伝染します。相手が笑顔なら、自然と自分も笑顔になってしまうものなのです。

元小学校教諭で教育実践研究家の菊池省三氏は「人間関係は鏡である」「鏡は先に笑わない」と言っています。**まず自分が先に行動する、これが「ほめ」の上達への第一歩**です。

あいさつで重要なのは「日常に驚きを加える」ことです。たとえば会った瞬間に「おっ」と言ってから声をかける、これだけでも相手は「この人は自分と会ったことを喜んでくれている」と感じます。

この人と会うと、なんだかいい気分になれるな、そう感じてもらえるあいさつの達人になりましょう。

応用

暖かくなってきましたね

まったく同じ日というものは、ないものです。季節の変化を感じて、そのプラスの部分を相手にプレゼントしたいですね。一手間かけて観察して、一手間かけて挨拶とともに相手に届ける——そんな気持ちで言葉を発すれば、自分にも相手にとっても「いい1日のはじまり」になるでしょう。

応用

雨の日はホコリが落ちて、空気がきれいになりますね

憂鬱な雨の日に、この言葉をかけられたら「今までになかった視点だな」と驚きますよね。いつもと違うきれいな空気を味わえるのか、と雨の中の外回りをちょっと楽しみなものに変える力のある一言です。

上級編

○○さんに会えたから、今日はいいことが起こる予感しかしませんね

言われた相手が、「何言ってるんですか～」と返しつつ、思わず笑顔になってしまうこと請け合いの一言。根拠は特になくてもいいのです。「あなたに会えたことが私は嬉しくてたまらない」という気持ちを最大限に伝えられますよ。

ほめることは観察からはじまる

「今日のスタイル、いつもとちょっと違いますね」

相手を笑顔にするあいさつとして、外見に関するほめ言葉を取り入れるのも有効です。

日常的に会う相手ならば、**「いつも自分のことを気にかけてくれている」**と感じ、喜んでもらえます。「シャツの色がすてき」など、ピンポイントでほめる場所が見つけられれば、具体的にそれも伝えましょう。

この言葉であれば、自分がファッションに詳しくなくても、「○○で買ったんですよ」などと相手が続けてくれますので、会話が広がるきっかけにもなります。

「季節感がありますね」も、性別、世代を問わず使える便利なフレーズです。

男性の場合、持ち物にこだわりが強い人が多いので、「すてきですね。○○（ブランド名）ですか？」と、**アイテムそのものをほめるのも効果的**です。

一方、**女性は身につけている「モノ」ではなく自分自身をほめてもらいたい人が多い**ので、「さすが、センスがいいですね」のように「それを選んだあなた」をほめることがポイントアップにつながります。

「いつもおしゃれですね」と漠然と伝えるのは、お世辞、適当、という印象を与えてしまいますので、注意しましょう。

応用

○○さんは自分に似合うものを見つけるのがお上手ですね

「モノ」と「ヒト」を同時にほめることができる、便利なフレーズです。相手に似合っている、それを選ぶセンスを持っている、という２つの側面からほめているので、喜ばれます。難しく考えず、似合っていると思ったら、サラッと伝えましょう。

NG

ネクタイがすてきですね

アイテムをほめる際に言ってしまいがちですが、言われた側は「すてきなのはネクタイだけなの？」と感じてしまいます。たとえば**「今日のネクタイもすてきですね」**と言い換えれば、いつも見ていること、その中でも特に、ということが伝えられます。

ここまでできればほめ達！

上級編

なんだか印象がさらに明るくなられた気がします

髪型や持ち物を変えたときのウキウキした気分が伝わってきたら、こう言いましょう。「最近何かいいことがありました？」と続けるのも効果的です。こう言われて嫌な人はいませんから、安心して使える言葉です。

雰囲気をほめて場の空気を作る
「とても話しやすいですね」

仕事でもプライベートでも、**人は「場」の雰囲気に大きく影響を受けます**。その場が明るく楽しい雰囲気なら自分の気持ちも明るくなりますし、どんよりした空気なら気持ちも沈みます。

これは「あなたがいるから、この場がいい雰囲気なんです」という**「場づくり」への感謝を伝える一言**です。

相手の何がということでなく、雰囲気をほめることは、**相手の存在そのものを肯定する**ことになります。

仮に相手が緊張していたり、本当は「この場になじめていないな」と思っていたとしても、この一言によって自分の存在を認められた、と感じれば本当に場の空気がやわらいで、より話しやすく楽しい場になります。

つまり、実は自分が先に明るい場を作ってしまって、それを相手の手柄にしているのです。

本人にそのつもりがなくても、こう言われれば「そうなのかな」と嬉しくなりますし、自分の存在を居心地がいいと感じてくれるあなたに対しても、好感を持つはずです。

その場を和ませ、なおかつ自分にも好印象を持ってもらえる一石二鳥のほめフレーズですね。

応用

聞き上手ですよね

あまり発言をしない人に使いやすいフレーズ。自分から話題を提供することは少なくても、笑顔で話を聞きうなずいてくれる人がいるだけで、場は和やかになります。日の当たることの少ない「場づくりの陰の功労者」に感謝を伝えましょう。

NG

若いっていいよね

部下や後輩に言ってしまいがちなこの言葉ですが、**人はカテゴライズされるのを嫌う**生き物ですから「未熟だっていうこと!?」と、マイナスに捉えられてしまう危険性があります。**「エネルギーに溢れてるよね」「発想がフレッシュだよね」**などの言葉に言い換えましょう。

上級編

○○さんがいると、
場の空気がよくなりますね

「話しやすいですね」をドラマチックに表現したフレーズ。話がしやすいだけでなく、場の空気全体まで変えてしまう、と相手の存在を全力で肯定していますから、言われた相手の喜びもより大きいものになり、さらに場が明るくなりますよ。

小さな事実の価値を最大化して伝える

「○○してくれて気が利くね」

ほめるには、小さなところに目を向けることが大切です。相手がしてくれた小さな事実に、プラスの意味や価値を見つけて伝えるのです。**自分のしたことが認めてもらえた、役に立った、とわかると人はとても嬉しくなります。**

日常の何気ない動作にプラスの意味や価値を見つけて、このフレーズのように言葉で伝えましょう。いつも頼んだ会議資料がきちんとファイリングされている、そんな小さなことで構いません。

それに加えて「資料がきちんとしていると、お客様も『この会社はしっかりしてる』と安心してくれるんだ。だから、すごく大切なポイントなんだよ」と、**相手の行為がどれだけ大きな影響を及ぼす**のかも伝えます。

相手は、「ちゃんと見ていて、それを伝えてくれる」とあなたに感謝の気持ちを持つようになります。たまたま時間があったから丁寧に揃えただけ、という場合でも、**「こんなに喜んでくれるなら、そんなに重要な意味があることなら、次からもちゃんとしよう」というモチベーションにもなる**のです。

相手が否定することのできない事実を伝え、その事実の価値を最大限に伝える、これが正しい「ほめ」のポイントです。

応用

返信早いね!

実際にはそれほど早くない場合でも、こう伝えることで相手からの返信がどんどん早くなるのが不思議なところです。たまたま早く返信がきた際に、その「たまたま」をほめると、「たまたま」の頻度が上がります。ポイントは、「返信早いね」という自分のレスポンスを早く返すこと。

応用

伝言メモありがとう。あのメモのおかげで助かったよ

自分のいない間に電話を受けてくれて、要件をメモしておいてくれた誰かのおかげで、重要な連絡を逃さずに対応できた、その感謝を相手に伝えましょう。次回からはもっとわかりやすい伝言メモが待っているかもしれませんよ。

気温に合わせて冷たい・温かい飲み物をお出しする、来客の人数を把握して、人数分のスリッパを入り口に用意しておく、そんな心遣いに気づいたときに使えます。対象となることがささやかであるほど、伝えがいがあるフレーズです。

場の空気を悪くせず「ちょっと困った」を解決する
「○○さんと話していると時間を忘れますね」

普段の会話の中で、ちょっと困っているけれど、相手の気分を害したくないし、言い出しづらい……ということはよくあります。そんな場面でも「ほめ」は役に立ちます。

この言葉は、そろそろ話を切り上げたいけれどなかなか終わらない場面で使いやすいフレーズです。「あ、もうこんな時間だ、そろそろ失礼しないと……」と続ければ、相手に不快な思いをさせることなく、「話を終わらせたい」というこちらの意図が伝わります。

ポイントは、困っていることを相手にそうと気づかれないように、プラスの言葉に言い換えて伝える、ということです。**マイナスをプラスに変換することは「ほめ」の基本**ですから、それを応用すればいいのです。

この場合は**「話が長くて困る」というマイナスの状況を「時間を忘れてしまう」というプラスに言い換えて**います。こう言えば、楽しくしゃべっている相手の気分を害することなく、相手に「あ、しゃべり過ぎちゃったかな、そろそろ終わらせないと」と気づいてもらえます。

もちろんこれは一例です。他の「困った」場面でも、プラスの表現に言い換えられないかを考えるクセをつけるようにしてみてください。

応用

今、お言葉をかみしめていました

沈黙が続いたときに使えるフレーズです。黙ってしまった時間を「あなたの言葉をかみしめていました」とプラスに言い換えています。これを言えば場が和らぎますし、このあとにまた少々黙ってしまっても、相手は「この人は今考えているんだな」と解釈してくれるようになります。

応用

思わずくつろいでしまいますね

これも沈黙が続いたときや、会話の間が持たないときに使えます。こう言われれば、不快で黙っているわけではないんだな、と相手も安心します。また「この人がくつろいでいるなら自分も少しリラックスしよう」と場を和ませるのにも役立ちます。

ここまでできればほめ達！

上級編

（キョロキョロしながら）この居心地のよさはなんですかね～

上の言葉をさらに応用した、会話の間が持たないときのフレーズ。居心地のよい理由を探すように、周りを見回してみましょう。訪問先の室内であれば、気になる額や賞状、備品など、話題のきっかけになるものがきっと見つかりますよ。

文章に体温をプラスして相手との距離を縮める

「承知しました! とてもいいと思います! ぜひお願いします!」

今や生活に欠かせないメール。せっかく書くのですから、気持ちが伝わるほめ上手なメールが書けたらいいですよね。

メールで「ほめ」を実践するポイントは、**気持ちを１～２割増しにして伝える**こと、そして**プラス20文字のプレゼントをする**ことです。

用件は足りているし、失礼でもないから問題はないけれど、怒っているのかなと感じてしまう文面を、ビジネスメールではよく見かけます。表情やトーンで気持ちを伝えられる話し言葉と違い、メールでは文字でしか伝わりません。この違いが、文章を冷たい印象にしてしまう原因です。

その差を埋めるため、**気持ちをややオーバーに伝えましょう**。それが**「！」や「とても」「ぜひ」などの副詞**なのです。冒頭のフレーズから、オーバーな表現を抜いてみると、「承知しました。いいと思います。お願いします」となります。受ける印象がだいぶ変わりますよね。

そして「改行してプラス20文字のプレゼント」。**メールにほんの20文字プラスするだけで、メールに体温が生まれます。**加える内容は、**よかったこと、嬉しい気持ち**、です。

これを書くことで、相手に気持ちが伝わる文面になり、心の距離がグッと縮まるのです。

応用

スケジュールのご調整ありがとうございます。
この日程、個人的にも、とてもありがたいです

日程変更に対するお礼に、嬉しい気持ちをプラス20文字した例で、相手への感謝の気持ちがより伝わります。相手も「変更してよかったな」と感じることでしょう。

応用

さっそくご対応いただきありがとうございます。
おかげで私の仕事が2日分くらい進みました!

何気ないお礼のメールですが、2行目で、ほめる気持ちや感謝の気持ちが具体的に伝わります。受けた相手も「大げさだなぁ」と思いながら、相手の役に立ったことを実感して、ニヤリとなるはずです。

ここまでできればほめ達!

上級編

ご返信ありがとうございます。
おかげで進行にドライブがかかりました!

相手の返信に対するお礼も、ちょっとオーバーなくらいの2行目をプラスするだけで、一気に喜んでいる姿まで届けられるような文面になります。改行ボタンを押してプラス20文字。これを習慣にしておいて、損はありません。

Column

「ほめる」と「媚びる」「おだてる」は違う！

「ほめる」と「媚びる」「おだてる」というのは実はまったく異なる行動です。

媚びる、おだてるという行動には相手をコントロールしたり、気に入られようとする下心が含まれています。つまり、本心から「素晴らしい」「感謝したい」と思っているわけではありません。

一方、**ほめるということは、相手の中に「価値」を発見し、それを伝えること**です。どんな小さなことでも構いません。**「事実」に基づいた価値**を見つけて、それを伝えることです。**そこに下心はありません。**

外見でも、持ち物でも、行動でもなんでも構いません。プラスの価値を発見し、それが「どのように役に立ったか」「どのような影響を与えたか」を伝えます。それが「ほめる」ということです。

また「ほめる」ことで自分の心が整います。

人間の脳は、特に話し言葉において、自分と他人を区別することができません。他人をほめることで、脳は自分がほめられたと認識するのです。

自分がプラスの価値に気づいてそれを伝えることで、相手が成長したり、人間関係が良好になる。しかも自分の心も整い出す。「ほめ」を実践しない手はないと思いませんか？

2章

日々の業務にも「ほめ」を取り入れる

毎日の仕事をもっと楽しく、やる気に満ちて遂行するために

会社のさまざまなシーンを楽しいものにすると人生も楽しくなる

この章では、さらに踏み込んで、職場での日常業務の中で取り入れたい「ほめフレーズ」をご紹介していきます。

1日24時間。8時間眠ったとして、残り16時間。意識を持って生きている時間の半分以上を、私たちは働くことに費やしています。

この時間を楽しいものにするか、つらいものにしてしまうのかによって、人生の質がまったく変わってきますよね。

日常業務の中に「ほめ」を意識して取り入れることで、自分と周りの人たちの心の状態が変わり、職場の雰囲気がよくなり、仕事の成果も不思議なぐらい上がっていきます。

物理的な環境は変わらなくても、**心の環境が大きく改善されるの**です。

仕事のモチベーションにつながる2つの「心の報酬」

現代においては、お金や地位による報酬だけでなく、もう1つの報酬、つまり「心の報酬」が重要になってきています。

この「心の報酬」の認識なしに、これからのマネジメントを語ることはできないと言っても過言ではありません。それほど

重要であるにもかかわらず、ほとんど意識されていない、実現されていないというのが現実です。

心の報酬には２種類あります。１つは成長の実感。もう１つが貢献の実感です。

まず、１つ目の報酬、**「成長の実感」**ですが、普通に働いていると、なかなか自分の成長を実感する機会はありません。

企業や組織は、もっともっと、さらに上へと、現状に満足することなく業績の向上と利益の最大化を求め続けます。

ですから、そこで働く人も常に「もっと上」を求められ、たとえ成果を上げようとも、成長を認めてもらうことがありません。

だからこそリーダーは、**ときに過去を振り返り、その人の過去と現在を比べて、少しでも成長、変化しているところがあれば、そこを認めてあげる**ことが大切なのです。

「この部署にやってきたばかりの頃を考えたら、すごく仕事できるようになったよね」というように、意識して立ち止まり、振り返り、成長を実感できる言葉をかけましょう。

そして、次のステップを伝えます。そうすることで、部下は自分が山の何合目にいて、次は何を目指すべきかをはっきりと見定めて仕事に取り組むことができます。

自分の成長を実感できているので、次のステップへのモチベーションも高く、結果が出やすくなるのです。

もう１つの心の報酬が、**「貢献の実感」**です。

彼・彼女の仕事や存在が、誰のどんな役に立っているのかをあらためて言葉にして伝えることで実感できます。
「きみの仕事はこの組織にとって、このような役に立っているんだよ」「お客様にこんな価値を届けているんだよ」というように、自分たちの仕事の意味や価値を伝えます。
自分の身に置き換えてみると、よくわかると思います。
自分の仕事がどのように役に立っているのかを、理解しているのといないのとでは、仕事に取り組む姿勢が変わってきますよね。

毎日の仕事の中に「ほめ」を取り入れ、一緒に働くメンバーがこの２つの心の報酬を実感できるようになると、仕事に対するモチベーションが上がる→やる気のある状態で仕事に取り組むので成果が上がる→成果が上がるのでチーム内の雰囲気がよくなる、というサイクルが生まれます。

言葉には、一瞬で場の雰囲気を変える力がある

本章は、「日常業務の中で取り入れたいほめフレーズ」の章です。チームや社内のメンバーの「心の環境」をよくするフレーズだけでなく、日常業務に欠かせない会議やプレゼンの場で使いたいフレーズもご紹介しています。
さらに職場だけなく、人が集まる場や打ち合わせなどで使えるフレーズもご用意しました。ぜひ、実践して、効果を体感してください。
古くから「言霊（ことだま）」という言葉があるように、**ネガティブな言葉を口にすればネガティブな結果が、ポジティブな言葉を**

口にすればポジティブな結果がやってきます。

難しいプロジェクトの会議中、誰かが「これは無理だね」とつぶやけば、本当にそのプロジェクトは望みなしになってしまいます。

反対に、こんな言葉がその場に登場すればどうでしょう？

「この企画、成功すれば伝説になりますよね！　あの世でも思い出すようなプロジェクトにしませんか！」

ちょっと大げさな言葉に笑いがこぼれて、間違いなく場の空気は明るく変わりますよね。

場の空気が明るく変化すれば、出てくる意見も前向きなものになります。

プロジェクトの結果はその場ではわかりませんが、「無理だな」という空気が漂う会議と、前向きな雰囲気の会議とでは、参加者の気の持ちようが変わるのは、目に見えて明らかです。

場の空気を明るく前向きなものにし、会議の参加者のモチベーションも自然に上がる、そんな発言ができるあなたに、出席している上司や上役も一目置くことでしょう。

本章でご紹介するフレーズを参考に「心の報酬」と「言葉の持つ力」を意識して、相手が自分の成長や貢献を実感でき、場の空気を明るく前向きに変化させる「ほめ」を、実践してみてください。

いつの間にか、目の前が笑顔が溢れ、前向きなパワーに満ちた場所に変わっているはずですよ。

朝礼
07

1人をほめて、チーム全体の士気を上げる

「○○君、がんばったな。みんなのサポートがあったからこその成功だね」

複数の人がいる前で誰かをほめるときに気をつけなければいけないのは、その人以外の人が「じゃあ自分はダメだったのか」と感じないようにすることです。それには**「自分たちはチームなんだ。チーム全体で動いているんだ」という思いを前面に出したほめ方**をすることが重要です。

このようなフレーズでほめれば、成果を出した本人は安心して喜ぶことができ、他のチームメイトも「自分たちがいたからこそ」という気持ちを持つことができます。

また、ほめる対象をチーム全体とすることで、担当者が「自分は特別だ」と勘違いしてしまうことも防げます。

この「チーム意識」を普段から認識してもらい、自分が成功したときにはチームのみんなのおかげだと感じ、チームの他の誰かが成功したときにも自分を卑下するのでなく「このチームだからできたんだ」と自然に感じられるような関係を作っておくことが、チームの雰囲気をよくするためには重要です。

チームのエース、トップ営業マンなど、よく目立つ人はほめやすいですし、ついその人ばかりをほめてしまいがちです。しかし、それではチーム内に溝ができてしまいます。

チーム全体の士気を高めるためには、**「日の当たらない」ところこそほめる**ことが大切なのです。

応用

いつもチームに貢献してくれているね

自分の契約はまだ取れないけれど、先輩たちが外回りに出るためのリストをきちんと作ってくれている、など、表に出る活躍をしていない人こそほめましょう。本人の自信につながりますし、チームの一員だという認識が強まります。

応用

○○君、がんばっているらしいね。
きみの指導のおかげだね

指導係や、部下を何人か抱える先輩というのも、日が当たりにくい立場です。きみの指導があるからこそ、という点をほめましょう。両者を前にして伝えると、がんばっていると言われた当人も、上の立場にある先輩も一度にほめることができます。

伸び悩んでいる人のいいところを見つけ、こう言ってみましょう。本人は「みんなの前であぁ言われたらがんばらざるを得ない」とやる気が出ますし、周りの人たちの見る目も変わります。伸び悩む人をあえてみんなの前で鼓舞するほめ方です。

売上・目標達成に向けて
08

ポジティブな一言でさらにやる気UP

「この数字を達成したら何人の人を笑顔にできるだろうね」

会社が存続、成長し続けるために、売上は絶対的に必要なものです。そして、売上や目標を金額、数字で明確にしておくことも重要です。

ただ数字は、モチベーションを下げてしまうこともあります。高過ぎる目標、イメージできない数字で下がり気味なチームのモチベーションを一気に上げるのが、このフレーズです。

世の中のあらゆる仕事は、突き詰めれば人を笑顔にするためにあります。 どんな仕事であれ、最終的には自分の仕事によって誰かが笑顔になる、そこに気づければ、日々の仕事によりやりがいを感じ、楽しく目標達成に向かっていけるでしょう。

「目標＝数字」という思いを、**別の概念「目標＝笑顔」に置き換えると、やる気を再充填**できます。

勤務先がエンドユーザー向けの製品を作っているメーカー、小売業などの方は、イメージが湧きやすいかもしれませんね。

しかし、これはそれ以外の業種にこそ重要なポイントなのです。誰のためでもない仕事はありません。たとえば自社で作った部品を使った商品が、誰かの役に立っています。

この意識を全体で共有できるようになれば、会社から目標数字が発表されるたびに暗い顔になるのではなく、「よし」と笑顔でスタートを切れるチームになれるでしょう。

応用

やってやろうぜ！

シンプルですが、チームに活気がある場合には有効なフレーズです。脳は騙されるので、「できる」「楽勝」と口にしていれば自然とそういう思考回路になり、達成できてしまうのです。「やってやろう」と互いに言い合うことは重要です。

NG

きみに任せたよ

期待をかけている部下に、つい言いがちなこの言葉ですが「なんで自分ばっかり」と感じたり、丸投げしている印象を与えてしまう危険性があります。期待を伝えたいのであれば、**「目標達成にはきみの力が不可欠なんだ」**と「力を貸してもらいたい」とお願いするニュアンスで、やる気をくすぐりましょう。

打ち上げはどこに行く？

潜在意識は、天邪鬼。本題とは違うことや、楽しいことを考えたりすると、不思議なほど新しい発想が湧いてくるものです。チームが煮詰まったときだけなく、プロジェクトの中盤から終盤で積極的に使いたいフレーズです。

下を向いている仲間にはまず
前を向かせる一言を
「何からはじめる？」

チーム全体にある程度のやる気がある場合には、前項のフレーズが有効なのですが、当然、そうではないメンバーもいます。チーム全体が目標達成に対して後ろ向き、という場合も多いと思います。

そんな場面では、この言葉をかけてみましょう。「こんな売上、とても達成できない」と下を向いている相手に、**いきなり壁を乗り越えさせるような言葉をかけても響きません**。プレッシャーに感じたり、心が離れていってしまいます。

ですので、**まずは一歩目を踏み出せるようなフレーズが大切です。壁を越えるための階段作り**からです。

「何からはじめる？　リスト作りからやるか」と、**具体的な方策を示す**ことで、提示された目標は遠くにあるのではなく、今からの一歩一歩の積み重ねなんだ、と気づかせましょう。

また、この言葉で上司や先輩が声をかけてくれることによって、相手は「見放されていなかった」「自分のことを見てくれていた」と安心します。

そうすれば心の距離も縮まり「実は……」と目標に対して前向きになれない理由を話してくれるでしょう。原因・理由がわかれば、具体的なアドバイスもできますから、達成へとより近づいていきます。

応用

成長が待ってるね

自分にはできない、と決めつけてしまっている部下にはこの言葉を言ってみましょう。仮に達成できなくても、挑戦することで確実に経験は得られます。挑戦＝経験＝成長。すべての場面で、成功は約束されていなくても「成長は約束されている」ということを伝えられる、いいフレーズです。

NG

知恵を出せば大丈夫

達成できない、と悩んでいる部下にかけてしまいがちな言葉ですが、他人事のように聞こえてしまいます。同じことを言うにも、**「達成に向けてのアイデアはないかな？」**と具体的に一歩目を踏み出せるようなフレーズで声がけしましょう。

上級編

興奮するね！
これが成功したら伝説になるよ

下を向いていた相手が、少し前を向けるようになってきたら言いたいのが、この言葉。前を向いたことで言葉を受け止める準備もできています。大げさなあなたの言葉に驚きつつ、伝説を作れるかもしれない、とやる気を出してくれるでしょう。

ほめつつ、自分の意見をうまく伝える
「○○さんのアイデアから連想したんですけど……」

会議で、いろいろな意見が出るのはいいことです。

けれど、自分の意見が他の人と違っているときや、今までの場の流れと違うことを主張したいときには、言い出しづらいもの。それが先輩や上司など、上の立場の人の意見だった場合には、なおさら声をあげにくいですよね。

そういうときに、**相手を嫌な気分にさせず、場の空気を悪くすることもなく、自分の意見を言える**のが、このフレーズの特徴です。このあとに続く内容は、「**○○さんのアイデア」と関係なくても構いません。**

引き合いに出された○○さんは「**自分の意見があったから、その考えを思いついたんだな」といい気分になれます**。また、他の人の意見を踏まえた上でアイデアを提案するようなこのフレーズは、**周囲に「まとめ上手」な印象を与えます。それだけに、この方法で出した意見は通りやすい**、というメリットもあるのです。

会議で重要なのは、肯定意見も否定意見も受け止めて前向きなムードを作ること。「ほめ」の力を使えば、他の人の意見を否定するのではなく、包み込みつつ自分の意見を発表し、その場全体を自分の味方にすることができます。

応用

ご指摘いただいたようなリスクを踏まえると……

これも、指摘してくれた人の意見を受け止めている印象を与えつつ、自分の意見を出すのに向いているフレーズです。会議には、「どんな意見でもとりあえず否定したがる人」がいることもありますが、そんな人の意見も包み込める言い回しです。

応用

それもありますよね!　だとしたら～～はどうですか?

違う意見をいったん受け止め、自分の意見を述べる、という内容は同じですが、少しフランクな雰囲気や、関係が近い人が多い会議に向いています。「どうですか？」と疑問形で語りかけているので、他の出席者からも活発な意見が出てくるきっかけになります。

話を一気に自分のペースに持っていきたいときに、使いたいフレーズ。明るい調子でこう切り出されたら、思わず注目します。そのあとに続く意見がこれまでの話の流れと違っていたとしても、そう宣言した上で述べていますから、問題ありません。

逸れてしまった話題をもとに戻す
「そのアイデア、いいですね。何からはじめましょう?」

会議で、本来の議題とは別の話題で盛り上がってしまう、というのもよく見られる光景です。誰かの意見から話が膨らんで、見当違いな議論が続く、あるいは次から次へと違う話題になって本題に話が戻ってこない……。

活発に意見が出るのはいいことです。しかし、議論が脇道に逸れたままでは、結論がまとまりません。何より、出席者の貴重な時間を浪費してしまうことになります。

このフレーズは、**理想論ばかりが盛り上がって話し合いが進行しないときに、みんなのやる気を削ぐことなく、場の空気を現実に引き戻す**一言です。

たとえば「新商品のＣＭには今人気の○○を起用したいね」とか、「次のイベントは海外で開催したいね」とか……。

夢があるのは素晴らしいことですし、雑談レベルでならとても楽しい会話ですね。

ただ、今必要なのは、もっと現実的で地道な話し合い。そんなときにこのフレーズを言うことで、**遠くに行っていた思考が目の前の課題に引き戻されます**。それでいて、「そのアイデアはいい」と**肯定していますから、盛り上がっていた雰囲気を壊すこともありません**。

応用

それは新しい企画になりますね！

本来の議題から派生して、全然違う意見が出たときに使えます。意見を切り捨てるのでなく「それはそれとしてまた考えましょう。で、今の話題はこれです」と、そっと脇に置くことで、自然と話題が目の前の議題に戻ってきます。意見を否定されたわけではないので、発言者も不快にはなりません。

応用

私、混乱しているのですが、テーマはなんでしたっけ？

こう聞かれたら「今は○○の話を……あれ？　これ、今日の議題じゃないよね」と気づいてくれるでしょう。自分が議論についていけていなくてすみません、という形を取りつつ、話題の居場所を再確認させる効果があります。

ここまでできればほめ達！

上級編

こんなに白熱するなんて、みんなの本気度合いがすごいですよね！

話題が本題に合っている・いないにかかわらず、話が盛り上がっていることに対する「ほめ」のフレーズです。「本気」という言葉によって、出席者は「あれ？　今本気で話すのってこの話でよかったっけ」と一度立ち止まってくれるはずです。

会議
12

沈黙が続くときに「ほめ」で発言を促す
「いいですね、考えてますね」

前項とは反対に、誰からも意見が出ず沈黙が続いてしまうような会議もあります。何かミスが起きたとき、目標が達成できなかったとき、再発防止策や改善策を考えたりするような、重い雰囲気の会議で見られるシチュエーションです。

出席者に若手が多く、まとめ役の上司や先輩の存在に萎縮して意見が言えない、ということもあり得ますね。

そういうときに使いたいのが、このフレーズ。**「黙っている」というマイナスを「じっくり考えている」というプラスに変換**しています。ですから、**言われた側は沈黙をとがめられた印象を持ちません。**

そこからさらに「その頭の中のアイデア、少しお話しいただいていいですか」と発言を促すと、これまで発言機会の少なかった人から、意外なアイデアが飛び出すこともあります。

沈黙を受け入れ、少し背中を押してあげるのがポイントです。

ただし、このフレーズに促されて出てきた意見を頭ごなしに否定したりすると、さらなる沈黙が起きてしまうばかりか、「あなたが話してみろっていうから、言ったのに」と反発を招きかねませんから、これまでご紹介したフレーズを応用するなどして「それもあるね」「いいアイデアだね」といったんは受け止めることも重要です。

応用

皆さん、すごい集中力ですね!

沈黙＝集中している、とプラスに変換しています。これを言うことで場の空気が和み、意見が出しやすい雰囲気になります。続けて「ちなみに私はこう考えます」と自分の意見を出せば、それをきっかけに、話し合いが盛り上がるでしょう。

応用

（事前に）「今日はきみの意見が聞きたいんだ」

このように、会議の出席者にあらかじめ前振りをしておけば、言われた側は事前に考える時間ができます。「自分の意見が聞きたいと言ってくれた」と嬉しく思い、真剣に考えるでしょうから、意見のクオリティも期待できるはずです。

この空気、なんだかドリームな企画が生まれそうですね!

唐突とも思える「ドリーム」という言葉で、停滞した空気を取り去るフレーズ。誰も発言しない淀んだ空気を打ち破るには、このくらい刺激的な言葉を使う必要があります。「ドリーム」によって場の空気を変え、発言を生むきっかけになります。

こいつできるな、と思わせる
「さすがの質問です！ありがとうございます」

プレゼンは緊張する場面でもありますが、自分という人間を売り込む絶好のチャンスです。なので、プレゼンでは「この人できるな」と感じさせるような振る舞いをしたいですよね。

そんなときにおススメなのが、質問をほめるこのフレーズ。

プレゼンの際にはたいてい、発表の内容に対して質問を受けます。質問内容にかかわらず、この言葉を言うと**質問をした側は「自分、いいこと言ったのかな」と気分がよくなります。**

想定していない質問だったとしても、答えに詰まらず、まず「さすがの質問です！」と言うことで、**他の参加者も「そうか、難しい点をついた質問なんだな」と納得しますから、自分にも質問者にも悪い印象は持ちません。**

また、この返答をしている間に**回答を考える時間的余裕も生まれ**ますし、質問を即座に受け入れたことで**「この人はしっかりと準備をしてきているな」と、印象づけられます。**

さらに「今の質問のおかげで、重要な点がより明確になりました」などと続ければ、仮に即答できない質問だった場合にも「重要ポイントを整理してお伝えしたいので、後ほどご連絡させていただきます」と、「わからないから答えられないのではない」ということを演出できます。

応用

このようなすてきな場でお話しさせていただいて、自分の力がさらに引き出されました

「皆さんのおかげで、引き出されました」と、プレゼンを聞いてもらったことを感謝する一言。いい「場」であったことを伝えているので全体がいい気分になりますし、発表の締めくくりに言えば、しっかりした人物だという印象を与えます。

NG

時間が足りなくて……

発表に対するハードルを下げるために、つい言ってしまいがちな言葉ですが、「準備不足です」と宣言しているようなものです。謙遜のつもりで自分の評価を下げるのは、非常にもったいないのでやめましょう。

ここまでできればほめ達！

上級編

これだけの皆さんの貴重な時間をいただき、ありがとうございました

ビジネスにおいては「相手の時間は貴重なものである」と常に意識しておくことが重要です。プレゼンの場では、自分１人に対して大勢の人がその貴重な時間を割いて話を聞いてくれるのですから、そのことに感謝している気持ちを伝えたいですね。

目の前にいない相手に自分の思いを届ける

「カメラオン、ありがとうございます」

近年、すっかり定着したものの１つがオンラインミーティングではないでしょうか。移動せずとも複数人で打ち合わせができるのは、大きな利点です。半面、温度感や細かい説明でのニュアンスが伝わりにくいのが難点と言えます。その分、用いる言葉や仕草には一工夫が欲しいところです。

ミーティング中、自分の顔を画面に映さない「画面オフ」のままでいる人は少なくありません。「画面オフ」のほうが精神的にすごく楽だからです。そんな中でもカメラをオンにしてくれた、顔を映してくれたことに、感謝の気持ちを伝えましょう。

感謝の言葉に続けて、「表情を拝見しながらだと、安心できますよね」「一歩踏み込んだ意見交換ができそうです」など、カメラをオンにする意味や価値を伝えられると、ミーティングで好スタートを切ることができます。

さらに、カメラオンだからこそ使える表現というものがあります。それは、「いいね」のハンドサインや、「驚き」を伝えるポーズです。「驚き」を伝えるのはリアルよりも簡単で、両方の手のひらを顔の横でジャンケンの「パー」に広げるだけです。

言葉による「相槌」が使いづらいオンラインミーティングが、一気に盛り上がり出します。

応用

聞きやすいお声ですね

画面をオフにして、音声だけ参加する人も多いはずです。「声」にスポットを当てる言葉なら、画面オフの相手にも使えます。オンラインのみならず、電話の先の相手にも、リアルに対面している相手にも使える、使い勝手のいい言葉です。

応用

画面越しにも思いが伝わってきますね

物理的に離れていることを逆手に取ったフレーズです。「距離が離れているにもかかわらず、伝わってくる。それほど熱のこもった説明・プレゼンでしたよ」、空間を超えてこんな風に言ってもらえたら、悪い気はしないはずです。

説明が上手な人の共通点は、相手の頭の中に「絵が浮かぶ」ような話ができる人です。説明上手な人＝仕事がデキる人、そう感じる人は多い。相手の説明で絵が浮かんだら、すかさず伝えましょう。

バックオフィス業務の人との関係を良好に

「いつも助かってます」

総務や経理、内勤のアシスタントなど、会社には営業パーソンのように直接顧客の前に出て売上を上げるのではないけれど、なくてはならない部署もあります。

彼ら彼女らがいなければ、備品が不足したりして気持ちよく働けませんし、交通費の精算もできません。また、契約書や請求書など、取引に欠かせない書類の作成も滞ってしまいます。このように、**日々の業務は彼らなしには成立しない**のです。

ですから、このような言葉で日頃の感謝を伝えましょう。

「感謝」「ありがとう」の反対は「当たり前」です。仕事なんだからやってくれて当たり前だろう、という気持ちを持っているうちは「ほめ」上手にはなれません。

感謝の気持ちを日々伝えていれば、コップに1滴ずつ水がたまっていくように、**相手の心にもそれが蓄積されます。**

そうすると、人はお返しをしたくなるものです。「時間ギリギリに提出してきたけれど、あの人の書類なら今日中に処理してあげようかな」と、自分に返ってきます。

いわゆるバックオフィスといわれる部門で働く方々は、仕事で感謝の気持ちを伝えられる機会が少ないものです。だからこそ、小さな感謝が大きな威力を発揮するのです。

応用

頼りになります

シンプルですが、これも使いやすいフレーズです。ちょっと融通をきかせてくれた、無理を言って手続きしてもらった、などの際には、ただ「ありがとう」だけでなく、より気持ちが伝わる言葉を加えましょう。

応用

○○さんがいるから、安心して営業に出られます

もっと具体的に「あなたがいるから、自分の仕事ができる」という気持ちを伝えたいときにはこの言葉を伝えます。バックオフィスで働いていると、一所懸命仕事をしていても「あなたのおかげ」と言われることは少ないですから、とても喜ばれますよ。

ここまでできればほめ達！

上級編

スペシャルな対応をいつもありがとうございます！

普段通りの対応をしてもらった場合でも、こう言います。相手は「何言ってるの、全然スペシャルじゃないよ」と言うかもしれませんが、嫌な気分になる人はいません。そして、次回からは本当にちょっと特別に対応してくれるようになるのです。

業者さんをほめて、相手も自分も心地よく

「いつもありがとうございます」

会社には、自社の社員以外にも多くの人が出入りしています。たとえば、宅配便の業者さんや清掃員さん、自販機の補充やコピー機のメンテナンスのスタッフ、などがそうですね。

最近はいろいろな業務のアウトソーシングが進んでいますから、守衛さんや受付スタッフが別の会社から派遣されてきているケースも多いはずです。

こういった人たちを日頃からほめている方は、きっと少ないでしょう。それでも、ほめ上手になろう、という皆さんには、ぜひ、意識してほめていただきたいのです。

前項でもお伝えしましたが、「感謝」「ありがとう」の反対は「当たり前」。自分が日々快適に仕事をできているのは、実は彼らのおかげですから、当たり前だと思わずに感謝を伝えましょう。こんな**シンプルな言葉で構わない**のです。

伝え続けて顔見知りになれば、お得な情報を早く教えてくれたり、集荷の時間を融通してくれる、なんてこともあるかもしれませんよ。

そしてもう１つ、こうした社外の人をほめるあなたの姿を、**社内の人が見かけたとき、とてもいい印象**を持ちます。

一言の感謝で自分も業者さんも気持ちよくなれ、社内での評判もよくなるのですから、実践して損はありません。

応用

おはようございます／お疲れさまです

　これもとてもシンプルなあいさつですが、**笑顔で**言えば立派な「ほめ」です。やって当然、と空気のように扱うのではなく、存在を認める。日頃、仕事先で声をかけられることの少ない人にとっては、何よりのほめ言葉になります。

応用

この荷物、待ってたんです!

　宅配の荷物が届いたとき、**笑顔で**これを言うと、とても喜ばれます。自分の仕事が誰かの役に立った、と目の当たりにできるからです。顔も見ずに「はい、どうもー」と下を向いたままハンコを押して終わり、ではなく、人と人としてのやり取りとして、気持ちを伝えてみましょう。

ここまでできればほめ達！

上級編

（その人の仕事道具などに）お礼の言葉を書いたメモを貼っておく

「ほめ」を書いて伝えると、何度でも読み返し、嬉しい気持ちを思い出せます。たとえば清掃員さんの道具のカートにそっと貼ってみましょう。きっと「いい会社だな、ここの掃除は特にがんばろう」とプラスの形になって返ってきます。

Column

声だけのコミュニケーション、電話で「ほめ」力を発揮する

メールやSNSでのやり取りが増えてきたとはいえ、電話を使う機会はまだまだたくさんあります。

電話では表情の変化が見えませんから、相手の本心をつかみづらく、苦手に感じる人も多いようです。

電話応対の大前提は、声を半音上げて話すことです。

自分の声の録音を聞き、低くて驚いた経験はありませんか？その音程が、相手が電話で聞くあなたの声です。だから、明るい印象を作るために声をやや高くすることが重要なのです。

声が１トーン高くなるだけで、受話器の向こうで受け取る印象はグッとよくなります。

携帯電話やスマホの場合は、登録してある相手の名前が画面に表示されますから、出る前に誰からの電話かわかります。そこで、出るときに**「○○さん、こんにちは！」と先に相手の名前を呼ぶ**のもおススメです。

名前を呼ぶことは、相手の存在を承認することなので、呼ばれた側はいい気持ちになります。そして、自分がかけた電話なのに、向こうから名前を呼んでくれたら、自分は歓迎されていると感じます。

もう１つ、電話の最後に**「お声が聞けてよかったです」**と一言添えるのも、相手には喜ばれます。**自分と話すことを喜んでくれたんだ、と感じた状態で通話を終えられる**ので、切ったあともあなたのいい印象が残るのです。

3章

もっと力を発揮する！
チーム内での
コミュニケーション

新時代のリーダーは「ほめ」を使いこなす

ピンチを力に変えられる人が仕事のできる人

この章では、部下や上司、同僚など一緒に働くチームのメンバーと、さらにコミュニケーションを深めるフレーズをご紹介します。

前章では、起きている時間の大半を過ごす職場の雰囲気をよくして、「心の環境」を改善することについてお伝えしました。

本章では、職場の中でも特に濃密な関係である、同じチームで働く人とともに成長していくことに焦点を当てています。

日々いろいろなことが起こる職場で、いかにその荒波を乗り越えるか。もし、何かミスをしたとしても、その失敗を傷にせずに糧、栄養に変えることができるかどうかで、その後の自分の成長度合いが変わります。

失敗を「傷」にするのか、「気づき」という財産にするのか、大きな違いです。

「見守られている」感覚が部下の心をひらく

また、自分はなんとか乗り越えられた波も、後ろを振り返ると、部下や後輩が溺れていることがあります。そんなときに、格好よく助けることができたなら、あなたの株が一気に上がります。**部下のピンチは、上司、先輩のチャンス**なのです。

部下や後輩の失敗に対しては、**あらかじめ言う言葉を決めておく、あらかじめ態度を決めておく**、というのがおススメです。

部下や後輩が、ミスの報告にやってきたそのときに「えぇー！」と驚いても、もう遅いのです。時間を巻き戻すことはできません。どんな状況になったとしても、よもや、命までは取られまい、こう考えて、どっしりと対応しましょう。

人は（特に今時の若い人は）ルールには従いませんが、ムードには従います。

相手が「見張られている」と感じるのか、「見守ってもらっている」と感じるのか、言い方ひとつで変わります。

ほめてからアドバイスをすると、相手は「見守ってもらっている」と感じ、その指摘を素直に受け入れます。

反対に、いつも不十分な点だけを指摘していると、相手は「見張られている」と捉え、反発します。

このため、ミスや失敗が改善されることはありません。頭を抱えそうになる場面こそ、「ほめ」が欠かせないのです。

「ほめる」＝多面的・意識的に見ること

「ほめる」とは、価値を見出すこととお伝えしました。これは**現状を打破する力**と言い換えることもできます。

誰かがミスをした、あるいは思い通りの成果が上がらない、そうした困った状況に陥ったとき、つい「ピンチだ！　どうしよう」と慌ててしまいがちです。

ところが、実際には「この点ではピンチだけど、別の観点か

らすれば チャンス」と見ることもできるはずです。

ピンチの中に、自分たちの強みを活かすチャンスを意識して見つけ、周囲に伝えることが、リーダーには欠かせません。

「ほめる」とは、物事を意識して多面的に見ることでもあるのです。

「自分はリーダーではないから関係ない」と思う方がいるかもしれませんが、これはどんな立場・肩書であっても必要な能力です。

たとえば、困難なプロジェクトで戦意を喪失しそうなメンバーの前で「価格で勝つのは難しいかもしれませんが、うちの○○は競合を上回ってますよね」と、さりげなく発したらどうなるでしょう？

自分たちの強み・魅力をあらためて言葉にすることで、暗くなっていた場に光がともります。

モチベーションが上がった状態で仕事に取り組みますから、成果・業績アップにつながるのです。

こうして、あなたを中心に「ほめ」という光がともり、ほめる→モチベーションが上がる→仕事の成果も上がる、という好循環を生み出すチームができあがります。

このように周囲の人々のパフォーマンスをアップさせるきっかけを作ったのはあなたですから、**「ほめ」は巡り巡って自分の評価を上げることにもつながります**。

「理論で引っ張る」から「場の力で引き出す」へ

従来の優秀なリーダーとは、頭脳明晰で部下を引っ張っていく力のある人でした。

自分の頭のよさで問題を解決し、成果を上げる、そんな人がチーム内のエースとなり、自然な流れでリーダーとなるのです。子どもの頃、クラスの学級委員にはたいてい成績トップの子が選ばれていたのと同じですね。

けれどもこういった人たちは、自分が仕事ができるため、できない理由や、できなかった人の気持ちがわからないことがあります。

そのため、部下がミスをしたら責めるだけで次にどうしたらいいかを指し示さなかったり、自分を基準にして考えるため、無理な目標を課したりしがちなのです。

ですので、こういったタイプのリーダーが作るチームは、成績は優秀であってもみんなの心はバラバラだったりします。

ここぞというときに、一丸となって立ち向かうことができず、危機に弱いチームになりがちです。

一方、これからのリーダーには**「空気」「ムード」「場を作る力」**が求められています。

この「場を作る力」こそが、先ほどお話しした「ほめる力」なのです。

自分１人で乗り越えられること、成し遂げられることには、限界があります。

より大きな仕事を成し遂げるためには、上司、部下、メンバーそれぞれが自らの力を伸ばすことが必要です。

本章のフレーズで、皆さんの「場を作る力」をいかんなく発揮し、理想の「ドリームチーム」を作ってください。

尊敬や感謝を伝えたい

「○○さんのやり方を見習ったら『クオリティが上がった』と言われました」

職場での人間関係やコミュニケーションをスムーズにするには、上司を立てる、うまくほめることが必須です。上司との関係が良好であれば、**自分が困ったときに助けてもらえ、アドバイスや知識を多くもらうことで自分の成長が加速し、評価が高まります。**

上司をほめるときのポイントは**尊敬の念を伝えること**。自分を尊敬し、慕ってくれる部下は誰だってかわいいものです。

だからといって漠然と「尊敬してます」「すごいですよね」とほめるのでは、社交辞令に聞こえますし、「気に入られるためにお世辞を言っている」という印象になってしまいます。

尊敬の気持ちをうまく伝えたい、そんなときに使えるのがこのフレーズです。

まず**自分の仕事のやり方を部下が真似するのは、上司にとっては単純に嬉しい**ものです。さらにそれで「クオリティが上がった」、つまり結果が出たのですから、**自分のやり方は間違っていなかった、と上司の自信にもなります。**

「こいつ、かわいい奴だな」と思っている部下には、仕事上のテクニックをどんどん教えてあげたくなるものです。**上司に気に入られ、自らの成長にもつながる、好循環**を生み出すフレーズなのです。

応用

○○さんって別格ですよね

「別格」という、日常であまり使わない言葉でほめることで、言われた側の気持ちに「おっ！」と引っかかることができます。その時点で「すごくほめられた」という気持ちになりますから、「どこが」「何が」別格なのかは問題ではなくなります。場面を選ばずオールマイティーに使えるフレーズです。

応用

○○さんの知識と経験のおかげでスムーズにいきました

上司が仕事をサポートしてくれたときに使いたいフレーズです。ありがとうございます、と感謝を伝えるのは当然ですが、ここまで言うことで「あなたがいたからこそできた」ということがより伝わり、相手も気分がよくなります。

僕が犬だったらしっぽ振ってしまいますよ

自分が犬だったらしっぽを振っている、というたとえによって、相手への親しみを表現しています。媚びるようなイメージもある言い回しですので、真面目な場面には不向きですが、飲み会の席などフランクな場で明るく言うと、場が和みます。

上司に
18

長話にうまく対応したい

「○○さんが僕くらいの頃は、どんな勉強をされていたんですか?」

上司の長話がつらい……職場でありがちな悩みです。もちろん必要な話や役に立つ話はありがたいのですが、とかく上司というのは「過去の成功談」や「自分が新人の頃は……」など、過去の話をしがちです。

そんな上司の話にうまく対応するには、相手を「ヒーロー」にするフレーズが効果的です。スポーツの試合後に行なわれる、**「ヒーローインタビュー」形式**にしてしまうのです。

それまで**一方的に話していた相手も、質問をされているので、あなたの言葉に耳を傾けないわけにはいかなくなります。**しかも、この質問には「自分もあなたのようになりたいんです」という気持ちが感じられますから、聞かれた側も気分がよくなります。

その答えが「別に何もしていなかった」というものであっても、「それで今みたいに仕事ができるんですか！　やっぱりすごいですね」と返せば、もう一段階ほめることができます。どちらに転んでも上司を上機嫌にできる、優秀なフレーズです。

また、日頃から話が長い上司は、周りの人からは敬遠されがちです。そんな中で**自分に興味を持って深掘りするような質問**をしてくれるのですから、あなたの印象がアップすること間違いなしです。

応用

○○さんの今の夢はなんですか?

過去の話を延々と続けるのは、現在や未来にあまり希望を持てず、過去の出来事を心の拠りどころにしているから。話のキリがいいところでこの質問をすると「え、今は……」と、トーンダウンして、向こうから話を切り上げてくれるはずです。

NG

その話、聞いたことあります

こういう上司は何度も同じ話をすることも多く、うんざりする気持ちはわかります。ただ、気持ちよく話しているところに水を差されるのですから、言われたほうはいい気分ではありませんので、気をつけましょう。「そのあと○○になるんですよね」と話のオチを先に言ってしまうのもＮＧです。

口を挟まず最後まで黙って話を聞く、というのも立派な対応方法です。自分の話を嫌な顔せず最後まできちんと聞いてくれたら、好印象を抱くことでしょう。ときには「最後まで聞ききる」と肚を決めてみるのもいいかもしれません。

ピンチを助けてくれた感謝を伝えたい

「○○さんがいなかったら、パニックでさらに傷口を広げるところでした」

トラブルが起きたとき、上司が動いてくれたおかげでうまく収めることができた、というのも職場ではよくある場面です。

そんなときに「ありがとうございました」と感謝を伝えることはもちろんですが、本書を読んで「ほめ上手」になろうとしている皆さんですから、さらにワンランク上を目指して上司に好印象を与える感謝の仕方を身につけたいですね。

このフレーズは「あなたがいなかったら傷口がさらに広がっていた」と、**相手の存在やしてくれたことの影響の大きさ**を伝えています。それだけ**自分の価値が大きいことを伝えられたら、言われたほうも気持ちよくなります**よね。

ただお礼を言うだけでなく、相手の価値をほめる感謝の仕方をすれば、「自分のしたことでこんなに喜んでくれるなんて、かわいい部下だな」と、あなたの印象がよくなります。**次からも気持ちよくあなたを手助けしてくれる**ことでしょう。

「上司なんだから助けてくれて当たり前」という気持ちを少しでも持っていると、それが相手にも伝わってしまいます。その上司が自分やチームのピンチを救ってくれたことは、まぎれもない事実なのですから、**特に真摯で謙虚な気持ちで伝えること**が重要です。

応用

手を差し伸べてくれたのは○○さんだけです

これも、相手の存在の大きさを伝えることで、より深い感謝の気持ちを伝えるフレーズです。ただし、実際にはサポートしてくれた人は他にもいるかもしれませんから、上司と２人だけのときに言うように気をつけましょう。

応用

○○さんの一言でこんなに空気が変わるものなんですね

自分だけでは収拾がつかない事態をフォローしてもらったときなどに使えます。得意先とのちょっとしたトラブルなどは、上司が出てきただけでスムーズに進む、ということも多々あります。感謝とともに使いましょう。

ここまでできればほめ達！

上級編

いつか○○さんのように部下を助けてあげられる人間になりたいです

「あなたのようになりたい」という尊敬の念を伝えられる言葉です。恩を返すだけでなく次の人に送る**「恩送り」**という言葉があります。**上司がしてくれたように自分も部下・後輩にしてあげる**、この気持ちを持つと、人間力が上がります。

厳しい指摘をもらったときに反省を見せつつ株を上げる
「いただいたご指摘をもとに、代案を3つ考えてみます」

仕事でミスをして、上司に厳しい言葉を言われることは多々あります。ミスに限らず、仕事の進め方についてアドバイスをもらう場面は多いですよね。
「叱られた」と感じてしまいがちな場面ですが、本書ではあえて「指摘をもらった」という言い方をします。もちろん、大きな失態をして本当に叱られることはあると思いますが、上司・先輩が厳しい口調なのは、**叱っているわけではなく指摘やアドバイスをしてくれていることも多い**からです。

そう考えると、**厳しく指摘されることはありがたいこと**だ、と思えるようになります。見込みがあると思わなければ、わざわざ指摘やアドバイスはしません。
強い口調で指摘されるということは、それだけ期待されているからなのです。
ですから、ミスをしたときには**謝るだけでなく、その期待に応える心意気を見せる**ことが大切。つまり重要なのは、ただ謝ったりお礼を言うのではなく、今回の**失敗を踏まえてどうしていくか、という自発的な具体案を述べること**です。
「すみません。気をつけます」というだけでなく、さらにその先に向けた発言をすることで、「こいつはまだまだ伸びる気があるな」と感じてもらえ、よい印象を与えることができます。

応用

ご指摘いただけるありがたさを痛感しました

指摘に対する感謝を素直に伝える言葉。これだけで、ただ謝るよりも「指摘が心に響いているな」と感じてもらえます。アドバイスをもらい、足りない部分に気づかされるということは、成長に直結しますから、本当にありがたいことなのです。

NG

勉強になります

つい言ってしまいがちですが、これだけでは「何が勉強になったのか」「どのように改善するのか」が伝わらず、「その場しのぎ」という印象を与えてしまいます。左ページで書いたように**「今回勉強したことを踏まえて対策を３つ考えてみます」**など、具体的な行動もセットで伝えましょう。

ここまでできればほめ達！

上級編

調子に乗ってました！
もう一度チャンスをください！

ちょっと体育会系な言い回しですが、本気で頭を下げながらこれを言われたら、相手は「なかなか骨のある奴だな」と感じます。やる気が伝わるので、たいていの場合「わかった。じゃあもう一度挑戦してみろ」と言ってもらえるでしょう。

心の距離を縮めてやる気にさせたい
「今の話、ちょっとメモ取らせてもらっていい?」

「意識して聞く」ことの大切さは、プロローグでお伝えしました。

ポイントは、**①目を見る**、**②うなずく**、**③あいづちを打つ**、**④繰り返す**、**⑤メモを取る**、**⑥要約する**、**⑦質問する**、**⑧感情を込める**、ということでしたね。

特に目上の人に対しては、これらが自然にできていると思います。それでは、部下に対してはどこまでできていますか?

きちんと目を見てうなずき、あいづちを打って聞いていたら、それだけで部下は「自分の存在を認めてくれている」と感じて嬉しくなります。

さらにこのフレーズを言って部下の話をメモに取れば、**「自分の意見を大切にしてくれている」と嬉しさが倍増**し、部下との心の距離はグッと縮まります。

もちろんメモを取るほどの内容ではないこともあるでしょう。極論を言えば「メモを取る振り」で構いません。

相手が「自分の話を重要だと感じてくれているんだ」と思うことが重要なのです。こう感じると、もちろんあなたに対する好意も増しますし、次はもっとよい提案をしよう、とモチベーションアップにつながります。そして実際に提案の量も増え、あなたに集まる情報量も増えるのです。

応用

きみがいるから、安心して仕事に取り組める。心強いよ

部下に対する信頼、実力を評価していることを伝えるフレーズ。部下と組んで仕事をする際、不安だからとあれこれ細かく指示を出すばかりでは、部下は言われたことしかやらなくなってしまいます。まずは信頼していることを伝え、相手の自主性を潰さないようにしましょう。

応用

ありがとう。私だけでは到底ここまで来られなかった

仕事は１人でできるものではありません。結果の良し悪しにかかわらず、プロジェクトが終了したときなど、１つの仕事にキリがついたときには、一緒に動いてくれた仲間に感謝の気持ちを伝えましょう。お互いの距離が近づき、結束が強まります。

いつもながら、完璧

書類のチェックなどを求められたときの返答として使いたいフレーズです。大丈夫、ＯＫ、よりも「完璧」のほうが、より「GOOD!」の印象が強まります。つまり、言われた側はより強く「自分を認めてくれた」と感じるのです。

ミスをした部下に浮き輪を投げる

「惜しいなあ、ほんとに惜しい」

部下がミスをしたら、よくなかった点を指摘することは大切です。しかしミスをした場合、本人も傷つき落ち込んでいることがほとんどです。ですから、**まずは落ち込んだ部下の気持ちに浮き輪を投げ、水面に浮上させる**ことが大切です。

そういうときに便利なのがこの「惜しい」という言葉です。**「惜しい」は、そのあとに効果的で好意的なアドバイスが続く、という期待と安心をもたらす言葉**だからです。

「この書類、惜しいなあ」のあとに「全然ダメ」という致命的な言葉が続くことは、まずありませんよね。

だから相手は、「惜しい」と言われると、**そのあとの言葉を心を全開にして聞いてくれます。**

何か指摘をするとき、「せっかくアドバイスするんだからついでに全部言っておこう」と、今回は関係のない点まで**「ついで叱り」**をしてしまいがちです。

「今回は○○がよくなかったね。あと、字が汚い。ついでに言うと、この前のあれも本当は～～するべきだった」など、いくつも自分の足りない部分を列挙されたら、本人はどこを反省していいのかわからなくなりますし、心を閉ざしてしまいます。

まずは「惜しい」の言葉をかけ、そのあとに具体的に直すべき点を伝えるのがポイントです。

応用

前向きな失敗は、大歓迎！

ミスをしたということは、挑戦したということです。挑戦は必ず成長につながりますから、**ミスは成長の源**、とも言えます。だから、たとえ結果が失敗だったとしても**「大歓迎」**なのです。自分がミスをしたのに、こんなことを言ってくれる上司がいたら、ファンになってしまいますよね。

応用

悔しいということはがんばった証拠。よくやったな

ミスを悔やむ部下にかけたい一言です。ミスしたことではなく、がんばった、その努力に焦点を合わせて、そこをほめます。そうすることで落ち込む部下の心の負担を軽減し、次の仕事に対するやる気へとつなげていけます。

失敗と書いて経験と読む。今回はいい経験をしたね

これも失敗という結果でなく、その挑戦をほめる言葉。ちょっとクサいですが、それだけに落ち込んだ部下の気持ちを和ませる効果があります。部下のミスに余裕のある対応をできるあなたに憧れ、ファンになってくれることでしょう。

部下に
23

やる気を削がずに、違うと伝える
「発想が秀逸。あと少しひねれないかな」

ミスをしたときに限らず、仕事の進め方や内容について、部下に指摘をする場面は多々あります。

前項が落ち込む部下の心を水面に引き上げる言葉だったとすれば、今回は部下が浮き輪をした状態で泳げるようにする言葉です。つまり、**部下に成長してもらうため、そのサポートとして伝える**アドバイスです。

このフレーズは、部下からの提案や意見が物足りなかった場合の言い回しです。

ここで伝えたいのは、「このままではダメだから、考え直してきて」ということです。つまり「全然ダメ」とバッサリ否定するのと、主旨は同じです。

伝えたいことの核は同じでも、言い方１つで受ける印象は変わります。

重要なのは**「相手のやる気を削がない」**こと。せっかく提案したのに、頭ごなしに否定されては、やる気を失くしてしまいます。「もう提案なんてしない」と思いかねません。

「すごく面白い」といったん受け入れてもらえたら「せっかくだから、もう少し練ってまた提案しよう」と考えるでしょう。

内容はどうあれ、まずは提案をしてきたその努力を「面白い」と認め、やる気を引き出しましょう。

応用

**明確な目標を持つことはいいことだ。
あとは継続が実現のコツだよ**

まだ実力がないのに上ばかり見がちな部下に、目の前の業務に取り組むよう、アドバイスをするフレーズ。上を目指す気持ち自体は否定していないので、受け入れやすくなります。

応用

**自分の考えを持っているのが素晴らしい。
さらにいろんな考えを受け入れ、統合していこう**

部下が自分の意見を激しく主張しているのを諌めたいときに使える言葉です。意見がずれていたり間違っていても、まず「自分の意見がある」ことをほめます。その上で、周りの意見に耳を傾けるように伝えましょう。

ミスをした部下に対し、改善策を自分で考えるよう促す言葉。落ち込んだ状態から浮上したら、次のステップを考えてもらいます。出てきた改善策は部下本人が考えたことですから、責任を持ってそこに取り組むので、成長にもつながります。

厳しくアドバイスしながらも慕われる
「きみらしくないよ」

部下の成長のためには、強い言葉で指摘をしなければいけない場面もあります。浮き輪（上司のサポート）なしで泳げるようになるため、あえて厳しい態度で接することも必要です。

基本として覚えておきたいのは、**ほめるときは「いつも」、叱るときは「今回は」という言葉を使う**ということです。

相手をほめる際には「常に素晴らしい」というニュアンスがいいのですが、叱るとき・厳しいことを言うときに「いつも」と言ってしまうと相手の価値を全否定することになってしまいますから、「できなかったのは特別」というニュアンスで伝えることが重要です。

このフレーズは、ミスはミスとして反省を促し、「いつものあなたは、こうではないはず」と「今回はどうしたの」のニュアンスを伝えています。

もしかしたら事情があったのかもしれない、何かミスの原因があるなら言ってごらん、という相手への配慮も含んでいます。仮に事情があったとして、頭ごなしに厳しくされたら、部下は萎縮して何も言えなくなってしまいますよね。

また、この言葉は**普段の相手を知らないと言えない**セリフですから、言われた側は「いつも自分を見てくれていたんだ」と感じ、あなたへの信頼度がアップします。

応用

どうしたの？　珍しいね

これも「いつもはできるのに、今回は」というニュアンスの言葉です。また「どうしたの？」と疑問形にすることで、相手の言い分も聞こう、という姿勢を見せていますから、言われた相手も安心できます。

NG

ついで叱り

先ほどもお伝えしましたが、相手がミスをしてシュンとしているのをいいことに、あれもこれもと今回とは関係のないことまで指摘しはじめるのは絶対にＮＧです。「直せるのは１度に１つ」と肝に銘じ、今伝えるべきことのみを伝えるよう、注意してください。

部下だけでは対処できないミスが起きたときに向いています。一通りの指導が終わった締めくくりに言うと、「お説教はここまで」とあとに引きずらない空気になり、場も和みます。部下も気持ちを切り替えて次の仕事に向かっていけるでしょう。

部下に
25

ほめるところがないと思える部下をほめる

「○○さんは、いつでも絶対に期限を守って提出してくれるよな、ありがとう」

ここまでいろいろなフレーズをご紹介してきましたが、「そうは言っても、あいつだけはどこをほめていいのやら……」と感じる部下も中にはいるでしょう。

「ほめる」というのは何もすごいことである必要はありません。「普通のことを認めること」、それがほめになります。

そう考えると、**ほめるところがない人はいないのです。ほめるところを見つけられない自分がいるだけです。よく観察してみると、普通過ぎてほめるところと認識していないだけのいいところがたくさんある**はずです。

その一例がこのフレーズ。中身はともあれ、期限に遅れない、これは立派な長所です。たとえば提出物にミスが多いと、そこに目が向きがちですが、期限を守った点は認めるべきですよね。

できている部分を認めてほめたあとに「惜しいなあ、あとはこの部分だね……」と足りない部分を指摘すれば、相手は素直にアドバイスを聞いてくれます。

人は、ダメ出しをするとその部分だけ直します。ところがほめられると、それ以外の部分までもっとよくしようとするものです。一見当たり前に思えることでもほめ続けていると、進んで自分を振り返り、改善点を見つけて修正していく能力を持っているのです。

応用

書類をきれいに留めてくれてありがとう。おかげで資料の信頼度が上がるよ

これも一見当たり前のことをほめ、それが周りにどう影響するか、までを伝えています。言われた側は、自分の行為は目の前の作業で終わりではない、と気づき、自分の行為が及ぼす影響を意識した働きができるようになることでしょう。

NG

○○さん、字はきれいだよね

せっかくほめても**「は」を使ってしまうと逆効果です。「そこ以外はダメ」と強調されてしまう**からです。**「字もきれいだよね」**という言い方に変えるだけで、「他もよくできているが、特に」というニュアンスが出るようになります。

ここまでできればほめ達！

上級編

結果までもう一息! 成長しているよ

「できないヤツ」と思われている部下は、たいていそのことを自分で認識しています。そして自己評価が低い状態になっています。そんなときに、この一言をかけてくれる上司がいるだけで、気持ちが上を向きがんばることができます。

「圧」と感じさせずに背中を押す
「がんばってるね」

「1時間弱」と言われたら、何分くらいをイメージするでしょうか？　過去のNHKによる調査では、当時の10代の34％が「1時間弱」を「1時間プラス少しの時間＝70分」と答えていました。正しくは「1時間弱＝1時間より少し短い時間」ですから、「50分ほど」と答えるのが正解です。40代以上の人は、9割が正確に理解していました。「この仕事、1時間弱でできそう？」と尋ねて、若手から「大丈夫だと思います」と返ってきた場合、自分は「50分」を想定し、相手は「70分」をイメージしている可能性もあるわけです。

「1時間弱」という言葉1つとっても、世代によってこうも理解が異なるのです。

「期待してるよ」「がんばって」という言葉が、プラスに働く世代もいます。しかし、Z世代には「プレッシャー」と捉えられることも。そこで、「がんばって」から「がんばってるね」へと、少しだけ変換してみましょう。これなら「現在の状態」に光を当てているわけですから、重荷と取られることはありません。

「がんばってるね」と言葉をかけると、「がんばってはいるけれど、結果が出ません。どうすればいいでしょうか」と本人から質問が出やすくなるのも利点です。

NG

がんばれ

「がんばってるね」と似て非なるフレーズが、「がんばれ」です。「120%やっているのに、一体どうすればいいの」と、突き放されたように感じる人もいる、要注意フレーズです。

応用

コツをつかんだね

大きな業務・大きな成果でなくても、ちょっとした作業を覚えたときこそ、さりげなく伝えましょう。Z世代の特徴の1つが、自信がない子が多いこと。「ちゃんとできているよ」と伝えることで、さらに飛躍してくれるはずです。

「羽ばたいてる」は、いわば令和版の「イケてる」です。「イケてる」は中高年がビジネスシーンで使うには軽すぎるフレーズでしたが、「羽ばたいてる」ならさほど違和感はありません。それでいてZ世代の心にも届くのですから、「いいね!」の最上級フレーズとして使ってみるといいでしょう。

頼みごと 27

信頼感を伝えて、部下に仕事を任せたい

「大変な仕事だけど、きみの顔しか思い浮かばなかった」

仕事を任せるというのは、部下の成長を引き出す絶好の機会です。

そんな、仕事を依頼する場面でも、「ほめ」の力を使ってモチベーションが上がるようにしたいですね。

頼まれた側のモチベーションが上がれば、仕事の精度も上がります。自分の依頼の仕方1つで部下に気持ちよく動いてもらえ、なおかつ質のいい動き方をしてくれるのです。

これは、「きみにしかできない」という面を強調することで、**相手への信頼感を伝えるフレーズ**です。ちょっと難しい仕事だな……というときに使うといいでしょう。

その仕事に対して思い浮かんだのがこの部下だった、ということは、日頃から本人を見ている、ということです。だから、「こいつならできる」「こいつに頼もう」と思うわけです。

このフレーズからは、その特別感も感じ取れますから、頼まれた部下は「この人は自分の普段の仕事ぶりを評価してくれているんだ」と感じます。

「自分は信頼されている、評価されている」と感じた部下は、その後、**普段よりもやる気を出してその仕事に取り組んでくれる**ことでしょう。それは、**今まで埋もれていた力をさらに引き出す**ことにもつながります。

応用

任せたよ。責任は全部俺が取る

「任せたよ」は、信頼しているからこそ出る言葉なのですが、「丸投げ」の印象を与えてしまうこともあるでしょう。ですので、「もちろん自分もバックアップするよ」という気持ちが伝わる一言を添えるようにしましょう。言われた部下は、安心してその仕事に取り組めるようになります。

応用

○○にどうしても頼みたいことがあるんだけど

「きみの力が必要だ」という気持ちを込めたフレーズです。他の人でもできる仕事であったとしても、このように言われると使命感を感じ、相手は高いモチベーションで仕事を進めてくれるでしょう。

ここまでできればほめ達！

上級編

俺の頭は下げるためにあるんだ

仕事を頼んだ部下が「自分にはできない」という後ろ向きな態度のときに言いたい言葉。こう言われると安心できますし、「そんな風に言ってくれる人に頭は下げさせられない」という気持ちになるので、よりよい仕事をしてくれます。

頼みごと
28

尊敬を伝えつつ、上司にお願いをしたい
「最後の一押し、お力をお借りできませんか」

ちょっと言い方はよろしくないですが、**「上司をうまく使う」ことは、結果を出すために重要なスキル**です。
困りごとにぶつかったとき、自分だけでは解決に時間がかかってしまいそうなとき、知識や経験が豊富な上司にお願いして、嫌な顔せずサポートしてもらえたら、とてもありがたいですよね。そのためには「ほめ」は大切なテクニックです。

これは**「最後の一押し」という言葉で、自分でもここまでやったということを伝えつつ、上司の力を上手に使う**、いいフレーズです。営業先で、もう少しなのになかなか最後のＯＫが出ない、というときなど、上司が同行するとそれだけですんなり契約が取れたりします。
もちろん**何もしないで「最後の一押し」ではダメ**です。これまで自分が積み上げてきた交渉の経緯や資料を見せてから、お願いをするのが前提です。

本来上司は「もっと部下に使ってほしい」「言ってくれれば応援するのに」と思っているものですし、頼ってくれる部下はかわいく思うものです。
部下が自分で考えて行動する姿も見えていれば、「しょうがないなぁ」と言いつつ、快く協力してくれるはずです。

応用

○○さんにしかお願いできないんですが……

前項同様「あなたの力が必要です」という気持ちを伝えるフレーズ。「○○さんだからこそ」お願いしたい、と言われれば、相手も嫌な気分はしません。むしろ「自分を頼りにしてくれてるんだな」と感じますから、口では「しょうがないなぁ」と言いながらも、気持ちよく手を貸してくれるでしょう。

応用

甘えてばかりで申し訳ないのですが……

もちろん、本当に甘えてばかりだと「少しは自分でやれ！」と言われてしまいます。上司に頼みごとをするにあたって大切なのは、自分でも努力し、その上でお願いすることです。うまく甘えられる、かわいい部下を目指しましょう。

ここまでできればほめ達！

上級編

○○さんの出番を作ることが昔からの夢でした

出番を作るということは、同じレベルの仕事をしているということ。「ずっと憧れていたけれど、やっと同じステージで仕事ができるところまで来ました」という尊敬の気持ちが伝わります。使う機会は限られますが、ドラマチックなフレーズです。

雰囲気・関係性を良好にしたい

「素直に真似したいって思える仲間がいるって、幸せだなー」

チームというのは同じ目標に向かって毎日一緒に仕事をするのですから、ギスギスして足を引っ張り合うのではなく、お互いを尊敬し合い、和やかな雰囲気でいたいものです。

いい雰囲気のチームなら、悩みや問題点なども日頃から共有できますから、当然いい結果も出せます。

そんなチームを作るために、飲み会やちょっとした雑談のときなどに、フッと言ってみたいのがこのフレーズです。

ここまで本書を読み進めてくださった方であれば、**人は誰にでも「尊敬できる部分」「ほめる部分」がある**のだ、ということに気づいていることと思います。

日々チームメンバーのいいところを見つけ、いつでもほめる準備ができているようになると、自然と出てくる言葉です。

もちろん、「○○さんはいつも細かい気遣いができてすごいよね。ありがとう。素直に真似したいって思える仲間がいるって、幸せだなー」というように、１対１でメンバーの誰かをほめたあとに続けて言うのもＯＫです。

自分を真似したいと思ってくれている、というのは嬉しいことですし、**「いいところは真似したい」と思えるあなたの謙虚な姿勢に周囲は好感を持つ**はずです。

応用

○○のキャラはこのチームに欠かせないよ！

チーム内に「ちょっと浮いているな」という人がいるときに使いたいフレーズ。相手の存在を認め、自分が進んでチーム内の潤滑油となる声がけをすることで、本人も溶け込みやすくなり、周囲の人間も受け入れやすくなります。

応用

この完璧な書類は誰が作ったの？

複数の人がいる場で、間接的にほめるときに使える言い回しです。作成した本人はもちろん嬉しいですし、「どんな書類なんだろう」と堂々とテクニックを参考にするきっかけになり、周囲の人間の成長にもつながります。また、間接的にほめると、直接ほめるよりリアリティが増す、という効果もあります。

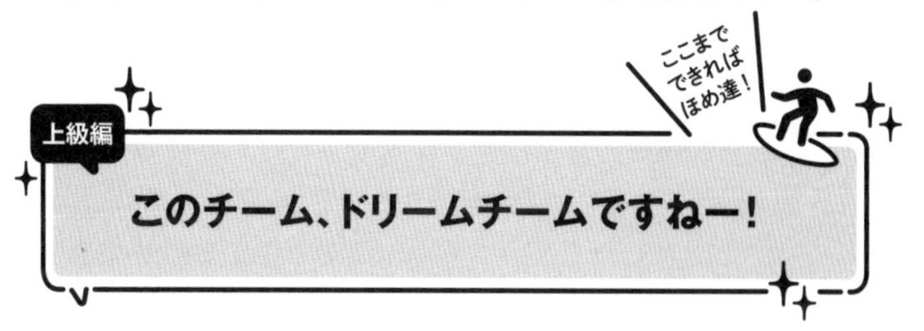

２章でも出てきた「ドリーム」という言葉ですが、普段は使わないようなちょっと大げさな言葉を使うことによって、より記憶に残る効果があります。「何言ってるんですか」と言いつつ、その場にいるみんなが笑顔になるはずです。

心理的安全性を高め、違いを力に変える
「面白い!」

多くの会社には、それぞれの個人の机と椅子が用意されています。そうした「物理的な居場所」だけでなく、「心の居場所」を作ってあげるのが上司・先輩の役目と言えるでしょう。

最近は「誰もが自分の気持ちや意見を安心して表現できる環境」かどうかを測る、「心理的安全性」という言葉にスポットが当たっています。

心理的安全性を損なうのは、「○歳なら、これができているべき」「うちの会社（業界）はこうやってきたから」といった思い込みや先入観ではないでしょうか。「べき」が蔓延している組織では、新人や若手は疑問を口にすることができません。だからこそ、「どんな意見もOK」であることを、言葉で伝えることが大切です。

とは言え、相手の意見にすべて賛同しかねる場面もあるでしょう。相手の発言に100%賛成なわけではない、しかしネガティブな反応もしたくない。そんな場面で使えるのが「面白い！」です。非常にシンプルなので、使用シーンを選ばないオールマイティなフレーズであるのも利点です。

アイデア・発言が出た際に「面白い！」と呟いたり、逆に力強く言うことで、その場にいる誰もが安心できて、結果的にチームメンバーそれぞれの個性が活かされていくことでしょう。

NG

恥ずべきもの

「～～のはず」「～～べき」「～～というもの」の３フレーズを合わせて「恥ずべきもの」と言います。社会人経験が長くなるほど、無意識に言いがちなものですが、この３ワードを使うことこそ恥ずかしいこと、と自分を振り返ってみましょう。

応用

その手があったか!

上の「恥ずべきもの」と逆視点のフレーズで、「自分にはなかった新しいモノの見方だ」と伝えることができます。ちょっと大きめの声で言ったり、小さめにつぶやくように言ったり、状況に応じて強弱を調整するのがお勧めです。

新しいアイデアが出たときの「ほめ」。予算的に実現が難しいアイデアだったとしても、「現実的ではない」「常識で考えろ」と切って捨ててしまったら、以降、斬新な意見は出なくなるでしょう。自分自身の新しい扉を開く言葉でもあります。

安心感を与えて、励ましたい

「あなたなら、大丈夫」

職場における同僚というのは、とても大切な存在です。ライバルという一面がありつつも、刺激を与え合い、ともに成長を引き出す存在でありたいですよね。

同僚が落ち込んでいるのに気づいたとき、使いたいのがこの言葉です。励ます意味を込めて、普通に使っている方もいるかもしれませんね。

落ち込んでいる同僚に声をかける際のポイントは**「共感」**です。部下にするように、浮上させよう、サポートしよう、とアドバイスをすると「上から」に聞こえ、不快にさせてしまう可能性があります。ですから、**ただただ相手を認め、「寄り添う」**ことがポイントです。

人は、悲しいことが起きたときに本当の悲しみを感じるのではなく、**自分にはこの悲しみに共感してくれる人が1人もいないんだ、と感じてしまうときに、本当の悲しみを感じる**のです。

「○○さんが気にしてたよ」など、他の人間もあなたのことを気にかけていると伝えることも、自分は1人ではない、という安心感につながりますので、効果があります。

悲しみの原因を解決できなくても、寄り添い、共感し、ただ相手を認めるという「ほめ」の姿勢こそが大切なのです。

応用

大変な思いをしているのは、挑戦してるからだね

相手が何かミスをしたり、うまくいかないことがあって落ち込んでいるときに使いたい言葉です。落ち込むほどの思いをしているのは、その人がそのことに対して、本気で向き合ったり挑戦した証拠ですから、その意味や価値を認めることで相手の心の負担を軽減します。

応用

あなたはあなたのままですてきだよ

これも、相手の存在そのものを認めるフレーズです。落ち込んでいるときに自分の存在価値を認めてくれる人がいると、とても嬉しいものです。シンプルな言葉ですが、顔が上がり、目が輝き、元気になってくれるでしょう。

ここまでできればほめ達！

上級編

俺でよければつき合うよ、1杯行こうか?

日頃から使っている人も多いかもしれません。「あなたに寄り添います」という気持ちが伝わる言葉です。それも、仕事が終わったあとの時間を自分のために使ってくれるのですから、相手は感謝し「こいつは大事にしよう」と感じるはずです。

Column

「そうくるか！」なら相手の心を潰さない

私がおススメしている必殺の「ほめ」フレーズの１つに「そうくるか！」があります。

職場では、どうにもこうにも、これはほめられない……という場面に遭遇することもあります。

部下が持ってきた企画書があまりにも的外れで「面白いね〜」とも言えない、会議での部下の意見が突拍子もなくて「いいアイデアだね」という言葉では、誰が聞いてもウソになってしまう、こんな事態を経験したことがある方も多いでしょう。「何を考えているんだ、全然違う！」と言いたくもなりますが、それではあなたに反感を持ってしまうかもしれませんし、相手の心が折れてしまいかねません。

そんなときに「そうくるか！」を使います。ほめ言葉ではありませんが、言われたほうは**「自分はこの人にはない発想をした」と不思議と嬉しくなる**言葉です。

心を潰さず、むしろ嬉しく感じているので、**このあとに続くアドバイスや指摘を受け入れてもらいやすくなります。**

また「そうくるか！」と言われたら、相手は「求められているのはこれじゃなかった」と気づきます。いくら「この人にない発想をした」と感じていても、相手が求めていないものや意見を出したら、軌道修正しなければいけないことはわかっているはずですから、**「やり直し」にも前向きに取り組んでくれる**はずです。

4章

相手の個性別
ほめフレーズ

個性は
「唯一無二のチャームポイント」

環境は自分では変えられないから「人間力」で居心地をよくする

この章では、無口な人や短気な人など、相手の個性別に使うと効果的なフレーズをご紹介します。

職場には、さまざまな人がいます。プライベートとは違って、人を選んでつき合うことは許されません。

だからこそ、自分の人間力が磨かれる絶好のチャンスなのです。この状況をチャンスだと思えるか、つらいことだと捉えるかは、大きな分岐点です。

自分では変えられない環境を成長の場に変換してくれる武器、それが「ほめる」ことです。

個性というのはその人の持ち味ですから、決して個性が強いことが悪いわけではありません。

しかし仕事を進める上では、ちょっと困ったな、という方向にその個性が発揮されてしまうこともあるでしょう。

チーム内で浮いていたり、煙たがられる存在になっていたり……。

そんなときに**自分のほめの一言で、チームメンバー同士の心の距離が縮められたら**、すてきだと思いませんか？

見方を変えて、味方に変える

あなたの言葉によって**「ちょっと困った個性」**だったものが**「唯一無二のチャームポイント」として周囲の人から受け入れられ**たら、相手はとても感謝するでしょう。

また、メンバーたちも、自分が気づかなかった、その人のいいところに気づかせてくれたことに感謝し、そのような見方をできるあなたのファンになること間違いなしです。

個性の強い人をほめるときのポイントは、人によっては「欠点」とも捉えられてしまうその**個性を承認すること**です。

人は誰でも、人から認められたいという欲求、すなわち承認欲求を持っています。

無口や短気、頑固過ぎるなどの個性が前面に出ている人は、その面がクローズアップされて周囲の目に映ることが多いので、日頃あまり承認されることがありません。

そんな中で、あなたがその個性を認めてくれるのですから、「自分はここにいていいんだ」「この人は自分の味方だ」と嬉しくなり、心をひらいて、味方になってくれるのです。

マイナスの個性をプラスに変換する

ここで大切なのは、個性をプラスの角度に変換して承認することです。たとえば110ページの「無口な人」ならば「思慮深い人」、反対に118ページの「おしゃべりな人」は「情報量が豊富な人」というようにです。

この「変換」が習慣になったとき、あなたの人間力は確実

に上がっています。

苦手だな、合わないな、と感じる人に出会ったときも、そこで関係を築くことを諦めないようになるのです。

たとえば、どうもとっつきにくい人と同じチームになったときに、あの人の強気でつっけんどんな態度は、実は自信のなさと不安の表われではないだろうか、と捉えられるようになります。

自分の弱みを見せないため、傷つかないためにガードを固くして身を守っているんだな、と受け止めることができれば、それまで感じていた「とっつきにくい人」という個性は、「繊細な人」という、愛しむべき個性に見えてきます。

相手が自分に自信がないから、つっけんどんなのであれば、こちらが失敗談を話すなどして弱みを先に見せてしまえばいいのです。

弱いのは自分だけじゃない、と感じた相手は少しずつ態度を和らげてくれることでしょう。

このように、一見どんなにマイナスに感じられる個性でも、プラスに変換して、相手と心の距離を縮められるあなたに敵はいないも同然です。まさに無敵の存在になります。

時間をかけて、個性を魅力に昇華させられる人こそ、真のリーダー

ここで重要なのは、相手との距離が縮まらないからといってすぐに諦めてしまわないことです。

プロローグでもお伝えしましたが、「ほめ」はすぐに効果が現われるわけではありません。

ましてや「個性」というのは年月をかけて作られたものですから、そうそう簡単に「この人は味方だ、心をひらこう」と態度が変わるわけではないのです。

それでも、**諦めずに「私はあなたのそういうところを認めています」と伝え続ければ、必ず心の鎧が解かれる日がやってきます。**

チーム単位で見たときに、**リーダーに求められるのはチームビルディングの能力、それぞれの個性に合わせてポジション・役割を与えるという能力**です。

適材適所、ということですね。

一見欠点に思えるところを個性と捉え直し、その個性を魅力にまで昇華させることができれば、その個性は、その人にとってもチームにとっても、**「欠点」ではなく「欠かせない点」**になります。

これこそが理想のチームビルディングです。

きっと皆さんの周りにも、こういった一見ちょっと困った個性を持つ人はいると思います。

本章でご紹介するフレーズは、職場で使うことを想定していますが、もちろんプライベートでもこれらの言葉を使って、相手との距離を縮めることができます。

今、頭に思い浮かんでいる人がいたら、「ちょっと苦手だな」という意識を捨てて、ぜひ使ってみてください。

黙っているのは思慮深さの表われと捉える

「すごい集中力ですよね。どんなことを考えていらっしゃるんですか?」

雑談にはほとんど加わらず、業務上の会話も必要最低限。話し合いの場で発言することもない……。極端に無口な人は何を考えているのかわからず、接し方に困ってしまうことも。

そこで、**「黙っているということは、その間ずっと何かを考えているからだ」とプラスの変換**をして、その思慮深さをほめるのが、このフレーズです。

会議やミーティングなど、出席者がそれぞれ考えを発表する必要がある場で、使いやすい言葉です。

もしかしたら何も考えていないかもしれませんが、それでもいいのです。

口数が少ない人は、自身でもその認識があるでしょうから、**無口であることをほめてもらえると、それだけで自分がその場にいることを認められた**、と嬉しく感じます。

考えはあるけれど、不器用でシャイなゆえに切り出せないのなら、「何を考えているの？」と話を振ることで発言しやすくなりますし、何も考えていないから発言しないのであれば「いけない、考えなくちゃ」と気づくきっかけになります。

無口な人の存在を認め、「あなたの意見が聞きたい」と話を振り続けることで、発言することに慣れてもらいましょう。

応用

観察眼がすごいですよね

これは、黙っているのはその場や人を観察しているから、とプラスの変換をしたフレーズです。観察力があることをほめ「よく観察した結果、どう思ったか教えて？」というニュアンスで、相手からの発言を引き出しましょう。

応用

いつも聞き上手ですよね

黙っている＝人の話をよく聞いている、と変換してほめるフレーズ。移動中やランチ中など、相手の発言は必要としないけれど、場が持たない……というときに使いやすいですね。言われた側は「いつも聞いてばかりで何も言えないけど、この場にいることを認めてくれている」と嬉しく感じるはずです。

相手がそこにいるということ、それ自体をほめるフレーズです。ストレートに存在を認めているので相手に伝わりやすく、「いやいや、そんなことないよ。実はこう思っていたんだ」と話し出してくれるきっかけになります。

すぐに熱くなるのは正義感の証と認め、クールダウンを誘う

「すみません、真剣度が足りませんでした」

すぐに熱くなる、怒りっぽい人は、見方を変えれば「裏表がない、正直な人」とも言えます。相手を変えようとするのではなく、自分が対処法を身につけてしまいましょう。

怒りを感じるということは、それだけそのことに対して責任感や正義感があるからです。相手が怒っているときには、**怒りの思いに共感する**ことが大切です。

その怒りに正当性があるかどうかは置いておいて、相手が怒りはじめたら、反発したり自分も怒ってしまうのではなく、このフレーズで**「あなたの正義感や責任感を理解しました」と伝えましょう。**

お互いの思いに差があるから相手は怒っているので、その差が埋まったと感じれば、次第にクールダウンしていきます。

パワハラが問題視されている最近では少なくなったとは思いますが、中には理不尽な怒りをぶつける人もいます。部下や後輩、目下の取引先などは言いやすい分、はけ口にされてしまいやすいのです。

そういった理不尽な怒りにも、このフレーズは有効です。相手に響いていないと感じると、怒りは余計にヒートアップしてしまうので、まずはこの言葉で「あなたの怒りを受け止めましたよ」と伝え、怒りが鎮まるのを待ちましょう。

応用

○○は熱いよな～、それだけ思い入れがあるんだな

相手が同僚や部下など、自分がなだめることができる立場なのであれば、こういう言葉も使えます。「そんなに怒るなよ」と怒りを否定するのでなく、相手を認める言い方をすると「いやぁ、そんな……」と照れて、クールダウンしていきます。「ほめ上手」らしい対処法と言えるでしょう。

NG

まあまあ、落ち着いて

自分の気持ちが伝わっていないと感じると、怒りは余計に激しくなってしまうものです。とりあえず場を収めようと、つい言ってしまいがちですが、こういう言い方をすると火に油を注いでしまうので気をつけましょう。

ここまでできればほめ達！

上級編

（相手が落ち着いてから）
先ほどはありがとうございました

相手の怒りが鎮まったあと、ここまで言えればまさに「ほめ」の上級者と言えるでしょう。怒った相手からお礼を言われることなんて、そうそうありませんから、「自分も熱くなり過ぎたな」と反省するきっかけになります。

ブレない姿勢をほめ続けて態度を軟化させる

「信念があって、ブレないですよね」

周りが何を言っても「それは違う」「自分はこうだと思います」と、頑なに主張を曲げない人。このタイプの人は、自分の考えに確固たる自信を持っています。

相手が上司であろうとその意見を貫こうとするので、対立することも珍しくありません。

日頃のそういう姿勢を見ている仲間たちからは、「面倒な人だ」と思われていることも多く、**たとえそれが正論であったとしても、受け入れられにくく、孤立しがち**です。

このフレーズは、**頑固であることを「考えにブレがない」とプラスに変換**しています。自分の信念があり、それを貫こうとするのは長所でもある、と捉え方を変えてみましょう。

煙たがられてしまうことが多く「誰も自分のことをわかってくれない」と感じているこのタイプの人は、「ブレないですね！」「信念がありますね！」と認められることを、とても喜ぶでしょう。

このように**相手を受け止める発言をし続けていく**と、やがて「この人は自分の理解者だ」と感じてくれるようになります。そうして信頼関係を築ければ「この人の意見になら耳を貸してもいいか」と態度が和らいでくるのです。

応用

人の意見に惑わされないですよね

これも、頑固で他人の意見を聞き入れない姿勢を、プラスに変換したフレーズです。「そこをほめたら、ますます頑固になっちゃうんじゃないの？」と思うかもしれませんが、そこは「北風と太陽」です。あたたかい気持ちで受け止め続ければ、やがて頑なな気持ちもほどけていきます。

応用

自分をしっかり持ってますよね

同様に「プラス変換」した言い回しです。このように、いくつも言い換えは可能ですから、自分の中に言葉のストックを用意しておきましょう。「またあの人が頑固なこと言ってる……」という際に、冷静にスッと言葉が出てくるようになります。

上級編

いったん決まったら、やり抜くよねー

一度こうと決めたら邁進（まいしん）する、というのは頑固な人のいい面でもあります。また、こう言って先手を打つことによって、相手にとって本意でない決定に対しても、決まるまでの頑固さを捨て、行動してもらえるようになります。

丁寧さをほめつつ、スピードを上げる

「細かいところまで神経が配れているね」

仕事内容そのものは正確なんだけれど、丁寧に進め過ぎていてスピードが遅い……スピードが重要な現代ですから、そんな人にイライラしてしまうこともあるかと思います。

そういうときに使いたいのが、このフレーズ。

続けて、「あとはスピードを意識すれば完璧！」とアドバイスします。

マイペースな人には、自分なりのやり方があり、本人としてはそれに基づいてきちんと仕事をしています。**スピードに重きを置いていないので、単純に早くさせようとしても、伝わらないことが多い**のです。

ですので、まずは**本人が大切にしている仕事の丁寧さ、細やかさを認めましょう**。そこをほめた上で、こちらが「スピード」を求めていることに気づいてもらいます。

仕事内容を認められれば、本人のモチベーションは上がります。その状態のときに、求められているものは早さだ、と気づけば、次からはどんどんスピードアップしていきますよ。

「まだなの！」と怒ってもスピードが上がるわけではありませんから、**イラ立つ気持ちは横に置いて、今できている部分をほめる**。そのことが結果的に「仕事が正確で早い」、貴重な人材を育てることにつながります。

応用

その丁寧さは失わないでね

同様に、仕事の丁寧さを認め、ほめるフレーズです。裏には「丁寧さは失わないでね。そしてもっと早く仕上げてね」という気持ちがありますが、後半部分は口に出さないでおきます。自分の仕事を認められたことでモチベーションが上がるので、結果的にそのほうがスピードもアップします。

NG

早く！

仕事が遅い相手には、つい言ってしまいますよね。しかし先ほども述べましたが、これでは心に響きません。それどころか「こんなに丁寧に仕上げているのに」と反感を覚えてしまう危険性もありますから、グッと我慢しましょう。

いつものんびりな人がちょっと早めにできたとき、あえてこう言います。他の人より遅くても「本人比」で早ければそれでＯＫ。ほめられたことで相手は早さに意識を向けるようになるので、言い続けるほどにスピードアップしていきます。

「話題が豊富」というプラス面をほめて
距離感を縮める

「情報量がすごい、頭の回転もすごい」

職場でのちょっとした雑談がなかなか止まらない……休憩中や就業時間外ならまだいいですが、仕事中だと作業が滞ってしまいますから困りものです。

自分の状況が許すときには話を聞き、こういったフレーズで**心の距離感を縮めるように考え方を変えてみましょう。**

おしゃべり、ということはプラスに変換すると**情報をたくさん持っている**、ということです。普通の人は見過ごしてしまうような日常の中からいろんな知識をひろってきます。その部分をほめましょう。

また、よくしゃべる人は**コミュニケーション能力が高くてサービス精神が旺盛なことが多い**ので、**仲よくなるとこちらの要望も聞いてくれる、という利点**があります。

中には本当に退屈な話やオチのない話をずっと続ける人、愚痴ばかりの人もいますが、仲よくなっていれば「ごめん！　今本当に手が離せないから仕事に戻るね」と率直に伝えることもできるようになります。

一緒に働く仲間であり、１日の大半をともに過ごす相手ですから、苦手意識を持つよりも心の距離を縮めて、こちらからも要望を言える良好な関係を築くほうが気持ちよく働けますよね。

応用

引き出しが多いですね。場づくりの勉強になります

よくしゃべる人がいると、こちらで話題を用意したり考えなくても場が持つのでラク、という側面もあります。それを「場づくりが上手」という角度からほめているのが、このフレーズです。上から目線にならないよう、「○○の勉強になります」と伝えることが大切です。

応用

人を退屈させませんよね

これも「よくしゃべる」ということをほめる言葉です。同時に、一緒にいる相手を退屈させないコミュニケーション能力もほめています。言われた側は「この人は自分の話を楽しんでくれている」と感じ、心の距離が縮まることでしょう。

ここまでできればほめ達！

上級編

○○さんて、1時間のドラマについて2時間しゃべれますよね！　すごい観察力と表現力！

1時間のものを倍の長さしゃべることは、観察力や表現力が豊かでないとできません。そこをほめつつ、暗に「話が長いですよ」ということ比喩を使って伝える言葉。嫌な気分になることなく「あれ？　しゃべり過ぎた？」と気づいてもらえます。

Column

ポジティブに変換すれば「ほめ」の幅はどこまでも広がる

ここまで「言い換える」という表現をたくさんしてきました。何度も言いますが、**ほめる力とは、ネガティブなことをポジティブなことに変換できる力**でもあります。

人はどうしても、相手や物事の嫌な部分、よくない部分、つまり短所に目がいってしまいがちです。

部下や後輩、子どもに対しては「悪いところを直して成長してほしい」という思いから、ついつい、粗探しのように足りていない部分を見つけようとしてしまうこともあるでしょう。

短所をポジティブ変換して長所と捉えられるようになると、相手との心の距離がグッと縮まります。

「直すべき」と考えていたところが「ほめるべき」ポイントに変わるのですから、この変換ができるとほめの対象範囲がグンと広がり、ほめる力がアップしますし、それによって周囲の人との関係もよくなります。

たとえば、**「気が弱い」のは「人の気持ちがよくわかる」「人を押しのけない」**という長所でもあります。

「優柔不断」は「いろいろな意見を聞く」「状況をよく見る」と変換できますし、**「落ち着きがない」のは「好奇心旺盛」で「行動力がある」**からです。

普段からこのように変換するクセをつけて、ポジティブな言葉を集めていきましょう。

5章

会う前から人の心をつかむ「ほめ」

初対面は“会う前”から
はじまっている

ビジネスパーソンに欠かせない「初対面」での対応

もし、出会う人のすべてが、自分のファンや応援団になってくれたら、どれほどすてきな人生になるでしょうか。仕事で得られるメリットも計り知れません。

そんな魔法のようなことが起きるのか。はい、ほんの一手間と「ほめ」の実践で初対面を劇的に変えることができるのです。

本章では、特に「初対面」のシーンを中心に、使えるフレーズをご紹介していきます。

「ほめ」はあなたの印象を作る武器になる

新規の取引先やお客様とお会いするとき、先方の担当者が変更になったとき、業界内の交流会や勉強会など、働く上で初対面のシーンは数え切れないほどあります。

心理学に**「初頭効果」**という言葉があります。これは、物事の一番はじめに与えられた情報が全体の印象を決めてしまう効果のことです。

はじめて顔を合わせたとき、自分に対する印象のほとんどはその場、その瞬間で決まります。その時間は、わずか７秒と言われています。まさにワンフレーズ。

そして、一度決められてしまった印象を変えることは難しいので、**この段階で自分に好印象を持ってもらえないと、その後にいい印象を持ってもらうことが困難**になってしまいます。

たとえば初対面で「明るくてユーモアのある面白い人だな」という印象を持ったＡさんが、次に会ったら表情が硬く、こちらの話にあまりのってきてくれなかったとします。

このとき「今日はどうしたんだろう、体調が悪いのかな、嫌なことがあったのかな」と思うことはあっても、それだけでＡさんを嫌いになることはほとんどありませんよね。

ところが、初対面で「陰気で気難しそう」と感じたＢさんが、次に会ったときに、先の例の人と同様に硬い表情で会話も弾まないと「やっぱり話しづらい人だな、自分と仕事をするのが嫌なのかな」と感じます。

逆に、２回目に会ったときにとてもにこやかで物腰やわらかく接してくれても、第一印象の記憶が強いので「機嫌をとろうとしているのかな」「何か裏があって今日は優しいのかな」と、Ｂさんへの印象が変化することはありません。

それだけ、初対面での印象は大切なものです。**これからの相手との関係性がここで決まってしまう**と言っても過言ではありませんから、本章でご紹介するような「ほめ」を上手に使って、相手に好印象を残しましょう。

ほめるには、事前の準備が欠かせない

初対面の際に大切なのは、第一印象のその前の、第ゼロ印象作り、つまり**事前の準備をすること**です。

相手の会社の業務内容や経営理念は最低限、理解していきましょう。自分に会うために準備をしてきてくれたことが伝わり、好印象へとつながります。

誰かからの紹介であったり、相手が多少有名な方である場合は、紹介者に話を聞いたり、相手のブログやSNSを見て、情報を仕入れておくことも大切です。

相手との**距離を近づけるためのいい方法、営業の鉄則は、共通点を見つけること**です。出身地や出身大学、やってきたスポーツや趣味など、あらかじめ共通点を見つけて話題を準備してから会うことで、相手は自分への関心や好意を感じ取ってくれるので、あなたに好印象を抱くだけでなく、初対面から親近感さえ抱いてくれます。

注意点として、現代はSNSが普及しているので、ごく一般の方でも名前をネットで検索すると、ある程度の生活情報をつかむことができる場合が多いです。

しかし、**初対面の相手にプライバシーに踏み込んだ話題を振られると、監視されているようでいい気分はしません**ので、話題の選択には気をつけましょう。

準備をして、必ずうまくいくとは限りませんが、準備せずにうまくいくことはありません。

今、ここ、この瞬間にできることは、すべて準備、用意しておくことで、心の余裕が相手に伝わります。また、こちらも余裕を持って、相手に向かい合うことができるのです。

事前準備ができなくても、できること

そして、初対面の相手と会う際の大前提は**「相手の時間」に対するリスペクトの気持ちを持つことと、笑顔で接すること**です。

ビジネスにおいて最も貴重なのは「時間」です。その貴重な時間を自分と会うこと、話すことに使ってくれるわけですから、そのことに感謝し、それを伝えることが大切です。

特に、成功している人ほど日々忙しく過ごしていますので、時間を大切にしています。彼らが最も嫌うのは、無駄な時間を過ごすことです。

いただいた時間に対する気遣いができるかどうかで、あなたへの印象は大きく変わってくるでしょう。

また、当たり前のことですし、実践されている方も多いと思いますが「笑顔」は大切です。

どんなに言葉で「お会いできて嬉しいです！」と言っていても、笑顔がなければウソに聞こえてしまいます。

反対に、たとえ緊張のあまりうまく話せなかったとしても、笑顔があれば、相手に会えたことの喜び、相手への好意はきちんと伝わります。

もちろん、交流会やパーティーなど、事前に下調べができない状態で初対面のあいさつをする場面もありますが、この「相手の時間へのリスペクトの気持ち」と「笑顔」に下準備はいりませんから、まずはこの２点を心と体に染み込ませましょう。

初対面で
37

会ってくれたことへの感謝を率直に伝える

「本日は貴重なお時間をありがとうございます」

アポイントが取れ、はじめての相手と会うときというのは、誰でも緊張するものです。第一印象はとても大切ですし、このアポイントがこの先良好な関係を築いていけるかのカギを握っているのですから、相手にはいい印象を残したいですよね。

そんなときに使いたい、**相手の時間へのリスペクトを伝えるフレーズ**です。「時は金なり」という言葉以上に、**ビジネスパーソンにとって、時間とは非常に「高価」なもの**です。

最近、オフィスに固定電話を置かない動きが広がってきているという話を耳にします。その理由は「時間を大切にするため」という側面が大きいようです。

電話は、かかってきたらその時点で強制的に、今の作業を中断しなければなりません。また、内容が記録に残らないので、電話のあとにメモにまとめたりする時間もかかります。

そういった時間をなくすため、SNSやチャットを業務に取り入れている会社が増えています。

時間に対するリスペクトができているかどうかは、その人が仕事ができるか人かどうかの大きな判断基準となるのです。

忙しい人ほど、その時間は重要で高価です。そのことを理解し、まずは自分と会う時間を作ってくれたことに対する心からの感謝を伝えることが、とても重要です。

応用

お会いできて光栄です

初対面の相手に伝える一般的なフレーズですが、日常生活で「光栄」と言われることはあまりないので、やはり言われた相手は嬉しいものです。「はじめまして」「よろしくお願いします」ですませず、ここまで伝えてもらえたら、相手は「本当に会えてよかったと思ってくれているな」と感じるでしょう。

応用

やっとお会いできました

これもシンプルな言葉ですが、「とても会いたかった」「会う機会を待ちわびていた」という気持ちが伝わります。言われた相手は「自分にそんなに会いたがってくれていたのか」と好印象を持ち、その後の話もスムーズになるはずです。

上級編

今日は朝からワクワクしていました

はじめての人に会う前は、あれこれ考えずに**「あらかじめ態度を決めておく」**ことをおススメします。自分のことを好きになってくれる、ファンになってくれる、と勝手に決めつけて臨むと、心からワクワクしてきて、相手にもそれが伝わります。

一手間かけて扉をひらく
「さすが『夢』を大切にされているだけあって、皆さん表情が輝いていらっしゃいますね」

初対面の相手と会う際、その人のこと、その会社のことをできるだけ調べていくことは非常に重要です。

相手のことをある程度知った上で顔を合わせるのと、なんの知識もないまま会うのとでは、自分の安心感も違いますし、何より相手から見た印象が格段に違います。

どこの企業もたいてい、ホームページを持っている時代ですから、**会う前にホームページで相手の会社のことを調べていきましょう。最低限、経営理念や社是・社訓は頭に入れておきたい**ですね。社内で一番多く使われる共通言語が、この経営理念や社是・社訓だからです。その**共通言語を会話に織り込むことによって、相手の懐に入っていく**のです。

このフレーズは、先方の経営理念に「夢を〜〜」という言葉が入っていたとして、それを会話に織り込んだ一例です。

その他、相手企業の最近の活動やヒット商品などを話題に出すのもいいでしょう。**相手は「ちゃんとうちのことを把握してくれている」と好印象を持つ**でしょう。

また誰かの紹介などで、事前に相手の大学や出身地、学生時代に打ち込んできたスポーツなどがわかる場合は、そこから共通の話題を見つけるのも、打ち解けるきっかけになります。

応用

雰囲気ありますよね

オールマイティーに使える言葉。共通の話題がどうしても見つけられないとき、ほめるところが見つからないときに使えます。何をほめているのかは伝わらなくても、佇まい、存在をほめられていますから、言われて嫌な気はしませんよね。

NG

いつもおいしそうなもの食べていらっしゃいますよね

先ほどもお伝えしましたが、最近はSNSやブログをする人も多いので、個人名で検索をすれば本人の生活がかなり細かくわかることも多いです。初対面の相手にあまりパーソナルな部分に踏み込まれるのは詮索されているような気持ちになりますから、いきなり詳細なことまで話すのはＮＧです。

ここまでできればほめ達！

上級編

御社のコーポレートカラーの赤のネクタイをしてきました

企業には、その会社を象徴する色があります。ロゴなどに使われていることが多いですね。相手の会社のイメージカラー、コーポレートカラーのモノを身につけるなど、下調べを行動で表わすのも、今日のアポイントへの思いが伝わり、喜ばれます。

名刺交換

39

名前をほめて敬意を示す

「すてきなお名前ですね。親御さんのお気持ちが伝わって来るようです」

ビジネスでは取引先のパーティーや懇親会など、事前に準備ができない状態で初対面のあいさつを交わすこともあります。また、打ち合わせに行ったら約束の相手以外にも同席者がいた、ということもあるでしょう。そんなときに、相手の心をつかむためにぜひ利用したいツールが、名刺です。

このフレーズは、**受け取った名刺の名前を見て、感動したように言う**と効果的です。人が人生で一番多く耳にするのは、自分の名前です。ですから**名前をほめるということは、相手の存在を最も高く認めることになります。**

また、名前には「こんな人間になってほしい」「こんな人生を歩んでほしい」という、**親御さんの深い愛情が込められている**ものです。そこに触れることで、親密度は一気に増すでしょう。

名前をほめるには、まず漢字に注目します。漢字にはそれぞれ意味があり、親御さんの思いがその文字にのせられていることが多いからです。その**漢字の持つ意味に触れ、名づけに込められた願いにまで思いを馳せる**ことで、相手は一気にあなたに心をひらいてくれるはずです。

よく使われる漢字の意味は、漢和辞典や名前事典などで調べておき、頭に入れておくのもいいでしょう。

応用

「日」と「月」が入っていてすてきなお名前ですね

名前の漢字をほめた例です。「明子」のように割と普通の名前であっても、「お日様とお月様が入っていて、昼も夜も世の中を照らすようなお名前ですね」のようにほめれば、理由が多少こじつけであったとしても、喜ばれます。漢字の構成からイメージをふくらませるほめ方です。

応用

愛情を感じるお名前ですね

読み方が難しかったり、画数の多い漢字の名前に対して、呟くように。名前の由来などが相手から語られはじめ、一気に距離感が近づくこともあります。名前に関心を寄せることは、相手の存在そのものに関心を寄せることなのです。

ここまでできればほめ達！

上級編

名刺をいただくだけで運気が上がりそうなお名前ですね

「何か」はわからないけれど「なんとなく運気が上がりそう」という、言われて嫌な気はしないフレーズです。そもそも「運気」というのは漠然としたものですから、画数なのか字面なのか……根拠は言わなくとも、問題はないのです。

読み取れることをほめて興味、関心を伝える

「すてきなロゴですね」

名刺交換を通じて相手の心をひらく方法は、相手の名前をほめること以外にもあります。

それは、**名刺に書いてある情報をほめる**こと。その一例がこのフレーズです。

会社のロゴというのは、名刺だけでなく封筒や送付状など、対外的に見せる機会のあるあらゆるものに入っている、その会社の看板とも言えるものです。

それだけに、思いを込め、特に力を入れて決定していることが多いです。ロゴに興味を持ち、ほめるということは、その会社のそういった思いを汲み取ることになりますから、言われた側も自分の会社の思いまで認められた気持ちになります。

そこから、ロゴの色やモチーフについて、どんな意味があるのかなど会話を広げていけば、**自社に興味を持ってくれていることが伝わります**から、あなたに好印象を持つでしょう。

名刺というのは、その方やその方が所属する企業が**最低限伝えたい情報が書いてあるもの**です。そこに**書かれたことは全部ひろってみる**ようにしましょう。

社名の由来や意味を聞く、事業所展開について尋ねる、など書かれた情報を**ほめつつ質問をすることで、さらなる共通点を見つけるチャンス**が広がります。

応用

○○といえば、風光明媚で有名なところですね

パーティーでいろいろな地方からの参加者がいる場合などは、名刺の住所から土地情報について話を広げる方法も。「長野ですか。私、毎年スキーに行きます」など、相手について何も情報がない状態のときに話を広げることができて便利です。

応用

難しそうですが、とてもやりがいのあるお仕事ですね

名刺に書かれた業務内容を見て、難しそう＝やりがいがある、とほめるフレーズ。仕事内容をほめられて悪い気はしません。そこから話が広がっていくでしょう。仕事の内容が予想できないような部署名や肩書きであれば、ストレートに「具体的にはどんなお仕事をされているんですか？」と聞くのも手です。

「相手の名前」を何度も会話に織り交ぜることで、自分の存在が認められていると感じ、相手は嬉しく思います。繰り返し口に出すことは自分へのインプットにもなり、自然と相手の名前を覚えます。シンプルですが、かなりおススメです。

会えない間も気にかけていたことを伝える
「ご活躍のご様子をうかがっています」

仕事をしていると、社外の知り合いと次に顔を合わせるまでに間が空いてしまう、ということはよくあります。

もちろん営業の仕事をされている方は、得意先に顔を出すのに半年、１年間が空いてしまった、なんていうことはないほうがいいでしょうが、以前同じプロジェクトを進めた人と数年ぶりに同じ仕事をすることになった、転勤で他地方に行っていた担当者が数年ぶりに戻ってきた、ということもあります。

そんなとき、**久しぶりの再会を喜ぶ気持ちを上手に伝えられれば、心の距離がグッと縮まり**、ブランクをチャンスにして、よりよい関係作りができるようになります。

会っていない時間も相手を思い出していた、気にかけていた、ということを伝えるのがこのフレーズ。

知らない間に誰かが自分を思い出してくれている、というのは嬉しいものです。久々の再会でお互いの距離をはかっていた空気が、**２人の空白の時間を埋める**ような言葉でフッと緩むことでしょう。

人は誰でも、常によりよくなろうと思って生きています。自分では活躍できていると実感していなくても、その活動を気にかけてくれている人がいるというだけで「がんばりを認められた」と感じられますから、言われた側は気分がよくなります。

応用　お噂をよく耳にします

「会っていない間もあなたのことは耳に入っています」という言葉。普通、悪い噂を聞いています、とわざわざ相手に伝える人はいませんから、自分が人に好印象を残せていることが感じ取れるので、言われた側も嫌な気持ちはしません。

応用　時折、思い出させていただいていました

これも空白の時間を埋める言葉です。もちろん本心から伝えるのがベストですが、本当に思い出していたかどうかは、ここでは問題ではありません。相手には見えないことですから、否定できません。素直に「そうなのか」と受け取り、喜んでくれることでしょう。

上級編　○○さんだったらどうするかな、と思うことがあったんですよ

自分が知らない間に自分を思い出し、参考にしようと思ってくれている、ということが伝わるフレーズ。「この人は自分をプラス評価してくれているからこそ、参考にしたくて思い出してくれた」と感じ、言われた側はとても嬉しくなります。

前回の対面を忘れていないことを伝える

「お変わりないですね。お元気そうで嬉しいです」

前項は、会っていなかった空白の時間を埋めることで、相手との心の距離を縮めるフレーズでしたが、このフレーズは、前回会ったときの印象をきちんと覚えている、と伝えることで相手の心をつかむフレーズです。

「変わっていない」ということは**前回会ったときのその人の姿を覚えているからこそ、言える**ことです。相手は「いやいや、もうすっかり○○で……」など謙遜した返事をするでしょうが、内心は「前会ったときのこと、覚えてくれてるんだ」と感じ、あなたに好印象を抱くことでしょう。

日々生活をしていればいろいろなことが起こりますから、関心のない物事は自然と忘れてしまうものです。

会うのが久しぶりであるにもかかわらず、前回のことをちゃんと覚えていることを伝えると、言われた**相手は「自分に関心がある」「自分に好意を持っている」から覚えていてくれたんだ、と感じてくれます。**

好意を持ってくれる人間に対しては、自然と自分も好意を持つものです。だから、このように感じた相手はあなたに好意を持ってくれます。

このフレーズで、久しぶりに会った緊張感も消え、その後の話もスムーズに進むでしょう。

応用

○○でお会いして以来ですよね

前回会った具体的な日時、場所、もしくはなんのイベントで会ったのか、などを言うことで、「覚えている」と相手に伝えるフレーズです。覚えてくれているということは、それだけ自分を大切に思ってくれているからだ、と感じますので、言われた側は気分がよくなるのです。

応用

前よりも若くなられましたね

少し目をみはりながら、堂々と伝えましょう。もちろん本心から。ストレートに「若くなった」とほめているので喜ばれます。相手がよほど若い人でない限り、男女問わず使えるフレーズです。

ここまでできればほめ達！

上級編

素敵な年の重ね方をしてますよね

久しぶりに再会した人から、「いろいろあってね」「苦労続きですよ」とネガティブな言葉が出たときこそ、相手を肯定する言葉を届けてみましょう。困難は、人を発酵させる麹のようなもの。過去の経験と現状を丸ごとほめるフレーズです。

敬意をストレートに伝える
「□□をされた○○さんにお会いできて光栄です」

業界の有名人や先方の経営陣など、立場が自分よりも相当上の人物と会う機会に恵まれた際は、普段のアポイントよりも緊張するものですし、経験が少ない出来事だけにとっさの言葉が出てこなくなりがちです。

せっかく重要人物と会うチャンスなのですから、よりよい印象を残せるよう、ほめフレーズを事前に準備しておきましょう。

こういったほめられ慣れている人物には、**尊敬の気持ちを強く伝える、印象に残る**あいさつがしたいですね。

このフレーズは、**相手の実績やご苦労を理解している**、ということを伝えるフレーズです。また、**いかにその人物に会うのを楽しみにして来たかが伝わります。**

本章の冒頭でもお伝えしましたが、出会う前からの準備がより一層重要になります。

重要人物に会えた際には、その後も大切。メール、手紙などで、お礼とともに具体的に勉強になった点を伝えます。**「貴重な時間を使ったかいがあった」と感じてもらえる**でしょう。

相手は特に忙しい人物ですから、返事を期待してはいけません。お礼メールや手紙を読んでもらえるだけでも光栄だと考えて、お礼を伝えることを忘れないでください。お礼状の習慣は、人脈の扉をひらくカギとなります。

応用

お会いしているだけでドキドキしています

緊張していることを素直に伝えるフレーズです。権威ある相手の場合、自分に会うことで相手が緊張することはわかっていますし、そういうシチュエーションに慣れています。ですから、無理に緊張を取り繕うよりも、素直に伝えて相手の懐に飛び込んでしまうほうが、かわいがってもらえます。

応用

お会いできる日を心待ちにしていました

本章の最初の項でご紹介したフレーズを、バージョンアップした言葉です。とても会いたかった、会う機会を待ちわびていた、という気持ちに加え、「面談の日を指折り数えていた」というドキドキ感も加わり、尊敬の念がより伝わります。

私淑（ししゅく）させていただいています

私淑とは、直接に教えを受けてはいないものの、ひそかにその人を師と仰ぎ、言動の模範にする、という意味。自分を師と仰ぐ人間がいる、というのは誰しも悪い気はしませんし、印象に残ります。師と仰ぐ人に使いたいフレーズです。

Column

一言で相手の心をつかむ「サウンド・バイト」

サウンド・バイトとは、本来はメディアにのせる際に強い印象を残すように編集された短い言葉のことです。有名なところでは、前アメリカ大統領オバマ氏の「Yes, We can!」などがあります。

サウンド・バイトの特徴は、短いフレーズでありながら聞いた人の心に引っかかる、記憶に残る言葉であること。大統領候補のような人が「そう、我々ならできる！」と言えば、根拠はなくとも、なんとなく「できるんだ！」という気持ちになります。

ただ、ごく一般の人がこれを言っても相手の心には引っかからないでしょう。そんなときに便利なのが、**一見唐突にも思える言葉をほめフレーズの中に入れる**ことです。

本書でも**「スペシャル」「ドリーム」**などの言葉を織り込んだフレーズをご紹介しています。

普段聞き慣れない、しかも職場で聞くにはちょっと突飛な印象のカタカナ語が急に会話の中に出てくることで、相手は「えっ？」となり、その言葉は印象に残ります。

他にも**「伝説の」「別格」**など、**「大げさ」と感じるような振り切った言葉**を使う手もあります。

ほめたのに、相手の印象に残らないのではもったいない！サウンド・バイトをうまく取り入れて、「ほめる力」をアップさせましょう。

6章

「ほめ」でお客様から応援される関係になる

ビジネスといえども人と人。「ほめ」で成長し合う関係に

営業トークも本心でほめればストレスフリー

この章では、すでにある程度の関係を築いている方との距離を、さらに縮められるフレーズをご紹介します。

取引先の担当者との関係が良好であれば、商談や共同プロジェクトなどもスムーズに進みます。

そうすれば当然自分の成績がよくなったり、質の高い仕事ができて、社内外で評価が上がります。

日頃の感謝や尊敬を「ほめ」で伝えて、好印象を持ってもらえていれば、お互い気持ちよく仕事ができ、多少の無理なら聞いてくれるようになるでしょう。

そして、そんな風に気持ちよく楽しく仕事を進める関係を他社の人間と築けるあなたには、チームメイトや上司も、一目置くことでしょう。

このように書くと、「もちろん取引先の人には一所懸命いいことを言っているし、気に入られようとがんばっているけれど、ストレスはたまるし、そんなにうまくことが運ぶはずがない」と考える方もいらっしゃるかもしれません。

42ページでもお伝えしましたが、「ほめる」とは「媚びる」

こととは違います。

相手に気に入られる、というのはあくまでも「ほめ」の副次的な効果です。

自分が本心から相手に感謝したり、「すごい！」と思っていることを「ほめ」という形で伝えているだけなのです。

事実を伝えているのですから、ストレスはたまりません。

また、本心から言っているかどうか、は伝わるものですから、「心からのほめ」には、相手も心からの喜びで応えてくれるのです。

だからこそ、良好な関係が築けます。

◯相手のお役に立ちたい!　の気持ちで接する

市場は常に変化しています。インターネットが普及した今、そのスピードは加速する一方です。

変化し続けるマーケットのニーズに応え続けるには、自分たちも進化・成長していかなければなりません。

そのために必要なのが、**取引先、お客様との関係性を、常にお互いを高め合える状態にしておく**ということです。

「もっとお役に立てるとするなら、どんなことがありますか？」
「なんでも言ってください。できないこと以外全部やります！」

こんな風に、自分や自社のことだけを考えるのではなく、**相手や相手の会社の成長まで考えておつき合いをすると**、自分自身が人として成熟し、さらに自分の魅力が上がるのです。

お互いに聞く耳を持てば話し合いは円満に

とはいえ、会社というのは利益を上げるために日々活動しています。それは相手の会社も同じこと。

ときには互いの希望が折り合わず、うっかりすると、摩擦を起こしかねない状況にも陥ります。

とても無理な条件での取引を持ちかけられたり、あまりに短い納期での仕事を求められたり……。

「何言ってるんですか、そんなの無理に決まってるでしょ」と言いたいところですが、ことは自分と相手だけですむ話ではありません。

会社対会社の話し合いですから、なんとか双方の言い分に折り合いをつけねばなりません。それも、今後の関係に影響しないような形で、です。

そんなときも、「ほめ」を活用することでピンチをチャンスに変えることができます。

ポイントは、**「相手の心のコップを上に向ける」**ことです。

自分の成長にも欠かせないことですが、**心のコップが上を向いていると、なんでも受け入れ、プラスに活かせるようになります。**

素直に人の言うことを受け入れよう、そういう心持ちでいると、**知識やスキルを自分のコップに注いでくれる人が現われ、自分をサポートしてくれたり、仲間になってくれたりする**のです。

これらの人たちは、今まで自分の周りにいなかったわけではありません。自分の心のコップが下を向いていたから、水を注いでもらっているのに、こぼれてしまっていただけなのです。

だから、常に自分の心のコップを上向きにするよう意識していると、自然と周りの人が助言をくれ、スキルも上がっていくようになります。

話を戻します。つまり、言い分がぶつかり合うときには、「ほめフレーズ」で相手の心のコップを上に向けてあげればいいのです。

心のコップが下を向いているということは、「聞く耳を持たない」「心を閉ざした」状態です。

これを上向きにすることで、**相手は聞く耳を持ってくれます**。あなたの心のコップはすでに上を向いているはずですから、あとはプラスの話し合いができるはずです。

さらに、双方の心がひらいた状態の話し合いですから、本音ですり合わせをすることができて、今まで以上に強固な関係を築くことになるのです。

このように「ほめ」を使うと、自社の人間だけでなく取引先やお客様もあなたのファンになってくれます。

「ほめ」は自分を成長させてくれて、周りの人も幸せにする、そしてさらに自分が幸せになる、そんなすてきなループのきっかけなのです。

44

ほめられたら「ほめのクロスカウンター」で
お世辞を本当の「ほめ」にする

「○○さんにほめられると、さらに気合が入ります」

営業で訪問するお客様、ともにプロジェクトを進める取引先など、他社の人との関係を円滑にすることは、気持ちよく働くためにも、売上を上げるためにも、とても重要です。

この言葉は、先方からほめられたときの返事として使いたいフレーズです。

関係を良好にしてうまく仕事を進めたい、というのは自分も相手も同じ気持ち。そのため、特に他社の人に対しては「お世辞」でほめることも多いでしょう。

相手が言ったほめ言葉がたとえ**お世辞であっても、にこやかに感謝の気持ちを伝えると、相手も本当にほめたような気持ちになります。**

これを私は**「ほめのクロスカウンター」**と呼んでいます。

ほめることは相手を認め、感謝の気持ちを伝えることです。このクロスカウンターによって、最初はお世辞で言ったとしても、**あなたを本心から認め、あなたに感謝をしているような気持ちになる**のです。

自分が言った言葉が受け入れられるのですから、相手は嫌な気分にはなりません。ほめられたらクロスカウンターで返す、これを身につけて損はありません。ビジネスの場に限らず、普段から使いたいフレーズです。

応用

○○さんと仕事をすると、より力が引き出される気がします

相手のほめ言葉を受け取った上で、さらに「自分がほめてもらえるのは、あなたが力を引き出してくれたから」と伝えます。ほめ言葉に対する感謝だけでなく、相手の存在をほめるニュアンスも含んでいるので、言われた側は「本当にほめた気になり、自分もほめられて嬉しい」と、二重でいい気分になります。

NG

いえいえ、めっそうもない！

ほめられると、反射的に謙遜の言葉を返しがちです。ほめてくれるということは、相手からプレゼントをもらっているのと同じこと。謙遜はそれを突き返すことになり、失礼なことなのです。ほめ言葉はありがたくいただくクセをつけましょう。

ここまでできればほめ達！

上級編

その言葉だけで3年はがんばれます

ちょっと大げさに相手のほめ言葉を受け入れるフレーズ。自分のほめ言葉にこの返事が返ってきたら、言った側は「またまた～」と言いつつ、「今そんなに影響力があることを言ったのかな」とちょっと嬉しくなります。

45

この人ともっと仕事がしたい、と思わせる

「いただいた貴重なお時間に見合うご提案をさせていただきます」

取引先、営業先の相手に「**この人ともっと仕事がしたい**」と思ってもらうことは、とても大切。**相手があなたという人間を信頼し、認めないと、そうは思ってもらえない**からです。

営業するときの鉄板の言葉として使いたいのが、このフレーズです。たとえばプレゼンの冒頭のあいさつで、もしくは打ち合わせで相手の要望をヒアリングし、持ち帰って提案内容を考える際の締めの言葉として使うと効果的です。

これまで何度かお伝えしていますが、ビジネスにおいて**「相手の時間」ほど貴重なもの**はありません。

貴重な時間を割いて、プレゼンを聞いてくれる、打ち合わせの時間を取ってくれる、そのことに対する感謝を伝えます。

５章でも述べたように、相手の時間に対するリスペクトがどれだけできているかは、仕事ができる、できないの判断をする際の大きな基準となります。

ですから、まずは**「相手の時間」に敬意を表し、感謝を伝えましょう**。すると相手は「この人は時間を無駄にするような話はしないだろう」と感じ、好意を持った状態でこちらの話を聞いてくれます。

話を聞いてもらう土台作りとなるのが、相手が使ってくれる時間に対して、感謝を伝えることなのです。

応用

さらにお役に立つには何ができるでしょうか？

役に立ちたい、という気持ちを率直に伝えるフレーズです。こう言われて嫌な気持ちになる人はいませんよね。全力で自分の役に立ちたい、と言ってくれる相手ですから、先方も「もっとこの人に仕事をお願いしたいな」と感じるはずです。

応用

できないこと以外は全部やります！

要するに「できないことはできない」と言っているのですが、これを元気に明るく言われたら思わず笑ってしまい、「じゃ、こんなことはできないかな」とビジネスチャンスも広がります。「できることは、なんでもやります！」というやる気は伝わりますので、悪い印象は与えません。

ここまでできればほめ達！

上級編

○○さんからのお願いには「はい」か「イエス」か「喜んで」しかないですから！

明るく言うのがポイント。「あなたの要望はすべて受け入れる準備ができている」という気持ちが伝わり、相手も気持ちよく仕事を任せてくれます。不思議なことにこう言うと、「ノー」と言わざるを得ないような無理な要求はされないものです。

46 難しい要望をやんわりと軌道修正する
「代表的な成功事例にさせていただきたいので……」

営業先などで交渉していると、現実的ではないような納期・予算での話を持ちかけられることもあります。もちろん要望にはできるだけ応えたいのですが、物理的に無理なことはありますし、赤字になるような契約が続けば大変です。

こういった場面で大切なのは、**いかに印象を悪くせず、こちらの希望に近づけていくことができるか**、です。

このフレーズは非常に短納期での作業や低予算での仕事を求められたときに使えます。

「あなたの会社のためにベストを尽くしたい。そのためにこっちの言い分も聞いてください」ということを伝えています。

それは無理です、とても間に合いません、とこちら側の都合を主張するのではなく「あなたの会社のために」という点を強調しているので、言われた側も「じゃあどのくらいの期間・予算が必要ですか？」と聞く耳を持ってくれます。

こちらの言葉を受け入れてもらうには、**相手の心のコップを上向きにすることが大切**です。コップが下を向いたままでは、いくら言葉を投げかけても、こぼれていくばかりです。

まずは**相手が「言い分を聞こうか」と思ってくれるように、「あなたの役に立ちたいんです」という気持ちを伝える言葉を投げかけましょう。**

応用

やっつけ仕事には絶対にしたくないので、お時間だけはいただけますか

これも同様に「あなたの会社のためにいい仕事をしたいから時間をください」と納期を伸ばす交渉をするフレーズです。大切なのは「あなたのために」を強調し、こちらの要望だけを主張しないことです。

応用

長くおつき合いしたいので本音でお話しさせてください

予算・納期など、こちらの言い分を聞いてほしいときに使えます。「大切な御社とこれからもいい関係でいるために、包み隠さずこちらの状況を話します」と伝えると、相手は「本音ってなんだろう？」と思いますから、聞く耳を持ってくれます。

ここまでできればほめ達！

上級編

今の私には3日で天地創造レベルのご要望ですね

「とてもじゃないけど無理！」をユニークに伝える言葉。相手も無理は承知で第1希望を伝えている場合がありますから、要望レベルを下げてくれるはずです。無理です、という否定の言葉は返していないので、言われた側も嫌な気持ちはしません。

47

オフィスから商品をほめる

「製品のクオリティの高さが、ここにも現われていますね」

相手の企業を訪問する際、オフィスや応接室などの空間そのものをほめて、相手に気分よくなってもらうこともできます。

特に応接室には、経営者の思いを代弁するようなものが置いてあることが少なくありません。

応接室以外でも、目についたものがあれば、相手の業種に絡めてほめてみましょう。あなたが**その会社を理解しているからこそ、そこに気づく**わけですから、相手は喜びます。

このフレーズは、特に製造業などの会社をほめる際に向いています。製造業というのは、整理整頓、いわゆる「５Ｓ」に気を使っている企業が非常に多いです。

そして実際、高品質の製品を作る会社はそれが徹底されているため、工場のバックヤードも整理されているし、社内全体にも現われているものです。

製造業に限らず、**会社の掲げる理念や大切にしていることは社内に浸透しているものですから、自然と空間にもそれが現われます。**

相手の会社を訪問した際には、いきなり本題に入るのではなく、あいさつしたあとに「ほめ」を入れることを習慣にしましょう。

自社をほめられ、理解を感じた相手は、あなたに好印象を抱きますから、その後の話が自然とスムーズになります。

応用

皆さんすてきなごあいさつをしてくださって、社内が明るいですね！

すれ違う訪問者に明るくあいさつをする風土ができている会社は、社内の空気全体も明るく気持ちがいいものです。自社の雰囲気が「明るい」と言われて嫌な気分になる人はいませんので、使いやすいフレーズです。

応用

環境に関連するお仕事だけあって、エコを考えられていますね！

社内の温度、細かいゴミの分別など、本当は節約のためにしていることであったとしても、相手企業の業務内容に合わせてほめれば、言われたほうは悪い気はしません。

「この部屋を見れば大切にしていることが一目瞭然ですね」と伝える言葉。理念、製品の特徴などを理解しているからこそ言える言葉です。自社内で経営理念が体現できているのは喜ばしいことですから、言われた相手はとても気分がよくなります。

48

現場の担当者をほめて
仕事をよりスムーズに加速させる

「安心してお任せできます」

普段は担当営業同士で進める仕事でも、内容によっては、現場担当者も打ち合わせに同席することがあります。

製造業であれば工場の担当者、IT企業であればプログラマーなど、普段はあまり顔を合わせることのない、いわゆる「中の人」と会う機会があれば、**精一杯ほめて、日頃の感謝と相手の仕事に対する敬意を伝えたい**ですね。

これらの職種の人は**社外の人間と接することが少ないため、自分の仕事をほめられると、とても喜んでくれます。**皆さん**自分の仕事に誇りとこだわりを持っていらっしゃいます**から、あらためてほめられれば嬉しいのは当然ですよね。

このフレーズによって、**「あなたのことを信頼しています」という気持ちがとても伝わります。**

相手にとって、得意先の担当者と会うことは、普段自分に仕事を発注しているのはこういう人間なんだ、と知る貴重な機会です。

その人が自分の仕事ぶりを認め、信頼してくれていると感じることは、その後のモチベーションにつながります。

実際、彼ら技術者がいなければ仕事は進みませんから、数少ない機会に好印象を持ってもらえるようにしましょう。

応用

無茶ぶりにもいつも応えていただき感謝しています

難しい依頼をすることが多い場合、実際に苦労をするのは現場の技術者や職人さん。直接顔を合わせる際には、思いきり感謝を伝えましょう。「自分ががんばっていることをこの人も知っている」と感じるだけで、あなたへの印象はよくなります。

NG

さすがプロですね

相手の仕事を直接見たり、経験に基づいた説明を聞いたときに、ほめるつもりで言ってしまいがちです。「当たり前だろ。素人と比較するの？」と受け取られかねないので注意しましょう。「素人の私には思いもしない発想です！」という言い方なら、プライドがくすぐられ相手は気持ちよくなってくれます。

ここまでできればほめ達！

上級編

ほれぼれとするような仕事ぶりですね

手に職があり、技術者・職人として働く人は「仕事」という言葉に敏感です。誇りを持って日々働いていますので、どんなに細かいことでも**「作業」ではなく「仕事」という言葉をチョイスし**、相手のこだわりや技術の高さをほめましょう。

49

愚痴には判断を入れず共感を示す

「理想あるがゆえの、その気持ちですよね」

相手の愚痴を聞くこともあると思います。打ち合わせ中や飲みに行った際などに「うちの会社ほんとひどくてさ……」という話題になることも多いのではないでしょうか。

そんなときに重要なのは、**まず相手への共感を示す**ことです。相手は「この人ならわかってくれる」と「この人になら話してもいいな」という思いがあるから、自分に愚痴をこぼしてくれているのです。その気持ちに応えましょう。

そして、**相手の言葉を評価しない、価値判断を入れないこ**とも、とても大切になります。

社外の人間だからこそ言える、という面もあるでしょうが、謙遜の気持ちと話題提供の意味を込めて自社の愚痴を言っている場合もあります。言葉のままに受け取って愚痴の内容を評価すると、愚痴の対象となっている人や企業を批判していることになってしまう危険性があります。

怒り、悲しみ、悔しさなどの感情を感じる背景には、相手の理想とする形があるはずです。現状がそれと異なっているから、愚痴となって現われているのです。

このフレーズは、相手が理想を持っていることをほめ、相手の思いに共感しつつ、その可否は判断していませんので、愚痴対応の好例と言えます。

応用

それは大変でしたね

これも相手の話を肯定も否定もせず、共感しています。相手が悔しかったり悲しかったりしたことは、まぎれもない事実です。その気持ちに対しての言葉であって、愚痴の内容そのものに対する評価はしていません。愚痴を言った側も共感されていることを感じ、あなたへの印象がアップするでしょう。

NG

それはひどい!

愚痴を聞くと相手への共感を示そうと、つい話にのってしまいがちです。相手にとって大切な人や会社を批判することになりますから、話の内容にイエス、ノーの判断をくだすような言い方にならないよう、注意しましょう。

ここまでできればほめ達!

上級編

無関心ではいられないのは
○○さんに愛があるからですよね

怒りや悲しみ、悔しさを感じるということは、愛がなければできないことです。「愛がある」と言われた相手は「いやいや、そんなことないんだけどさ」と言いつつ、喜んでくれるでしょう。これも、話の内容については肯定も否定もしていません。

Column

使う人の印象もよくする美しい言葉で ほめ言葉をクラスアップ

ほめ言葉は相手への「贈り物」「ギフト」のようなもの。「贈り物」「ギフト」に贈り手のセンスが表われるように、**言葉の選び方次第で、使う人の印象をよくすることもできます。**

きれいな言葉、すてきな言葉を使って、ほめ言葉をワンランクアップさせてみてはいかがでしょう。あなたの印象が、さらにいいものになるはずです。

たとえば「〜やか」という言葉。**「〜やか」という言葉には、言葉をやわらかな印象にする力があります。**発音すると、静かな余韻の残る言葉です。

「発想が柔軟ですね！」→「発想のしなやかさがすてきです」
「いい色の服ですね！」→「あでやかなお洋服ですね」

前者、後者どちらのほめ言葉を使ってもＯＫですが、**使う言葉によって、相手に伝わる自分の印象は変わります。**後者のほうが上品な印象を与えますね。

「〜やか」のつく言葉をいくつか並べてみました。参考にしてみてください。

あざやか・おだやか・かろやか・こまやか・ささやか・さわやか・しなやか・すこやか・すみやか・たおやか・つつましやか・なごやか・にこやか・のびやか・はなやか・はれやか

7章

言葉だけじゃない！
ワンランク上の
「ほめ」テクニック

「ほめ」効果をさらに高めるテクニックとは

「言葉」にとらわれずに「ほめ」にチャレンジしよう!

ここまで、ビジネスにおけるさまざまなシーンで使える「ほめフレーズ」をご紹介してきました。ほめるというと、このように言葉で表わすことをイメージするのが一般的です。

しかし、ほめるとは言葉で伝えることだけではありません。**仕草や表情、態度でもほめたい気持ちを表わす**ことができます。

広辞苑で「ほめる」と引くと、その意味は「物事を評価し、よしとしてその気持を表す。たたえる。賞賛する」とあります。

そもそも「ほめる」＝言葉、なわけではないのですね。

相手を尊敬し、祝福する行為すべてが「ほめ」に含まれます。**「私はあなたのことを認めていますよ」という承認を相手に伝えること**が、ほめることなのです。

この章では、拍手や、あいさつに一言を添える、などフレーズにとらわれない効果的なほめ方をいくつかお伝えします。

164ページからの各項目では、「ザ・ほめ達テクニック」というものをご紹介していますので、ここではもっと簡単にできるほめ方をいくつかお伝えしてみたいと思います。

「ほめるなんて慣れてないから、急にはできない」「今までやってこなかったから、いきなりほめ言葉を使うのは恥ずかしい」という方でも、すぐに取り入れられることばかりです。

“ほめずに”ほめる!

まずは、プロローグでもお伝えした話の聞き方です。

①目を見る、②うなずく、③あいづちを打つ、④繰り返す、⑤メモを取る、⑥要約する、⑦質問する、⑧感情を込める、の８つのポイントを意識して相手の話を聞けば、相手は自分が承認されていることを感じて気分がよくなります。

これも立派な「ほめ」なのです。

まず**「目を見る」**ことで**「あなたの話を聞く準備ができています」と伝える**ことができます。重要なのは、顔だけでなく体ごと相手に向けて「さあ、聞きましょう」という体勢をとることです。

そして**「うなずく」「あいづちを打つ」ことは、「話を聞いていますよ」というサイン**になります。

相手の言葉の一部をひろって**「繰り返す」ことも、話を聞いているサイン**ですが、実際に話に出てきた言葉をこちらが繰り返すことで、より「話を理解して聞いている」ことが伝わります。

「メモを取る」については82ページでもご紹介しましたね。相手は**「自分の意見を大切にしてくれている」と感じます。**

また、相手の話を**「要約する」ことも同様に話を理解して聞いているというサイン**になります。

中でも特におススメなのが、**「質問をする」**こと。目上の人をほめたい場面で使うといいでしょう。
「○○さん、お忙しいのにいつそんなに勉強されているんですか？」「○○さんって、すごく読書家ですよね、今の私におススメの本ってないでしょうか？」
このように質問することによって、「私はあなたのことを尊敬しています、あなたのようになりたいと思っています」と、相手に伝えることができます。
イメージは、ヒーローインタビューです。**ヒーローインタビューは、質問の形をとった称賛**なのです。

そして**「感情を込める」**こと。たとえば相手の話に驚いたら「えぇっ！」と言って目を見開く、これだけでも相手には**「話を楽しんで聞いている、興味を持って聞いている」ということが伝わります。**

豊かな表情は「ほめ」効果を倍増させる

ほめ上手な人は、表情も豊かです。
まず基本となるのは「笑顔」。もちろん部下に厳しくアドバイスをしたり、愚痴に共感する際には、笑っていたらこちらの真剣さが伝わりませんが、**ほめるときの大原則は「笑顔」**でいることです。
優しく笑いかけることは、それだけで相手を承認したことになります。
人間の脳は不思議なもので、たとえ作り笑顔だったとしても、口角を上げて目尻を下げた笑顔を「作る」と、勝手に前向きな状態に変化し、やる気が出てきます。

普通は感情が表情となって現われるのですが、この場合は反対に**表情が感情を動かしている**のです。

ですから、これは相手に対する「ほめ」効果だけでなく、自分のモチベーションアップにも非常に有効です。

そして**こちらが全力で笑顔を見せると、相手もつられて笑顔になります**。私はこれを**「笑顔のスイッチを入れる」**と呼んでいます。

まず自分が笑顔になってやる気が出る、そして相手もつられて笑顔になってやる気が出る、これがあいさつの場面だったなら、そのあとの打ち合わせや、その日１日の仕事にいい影響が出るのは明白ですね。

表情についてもう１つ。**「アイブローフラッシュ」**というテクニックがあります。これは眉毛を動かすことで、たとえば「さすが！」「すごいですね！」と言うときに一緒に眉毛を一瞬意識的に大きく上げます。

先ほどの目を見開くのと似ていますが、眉毛のほうが目よりも変化がわかりやすいので、この方法もおススメです。

日本人は一般的に、表情の変化が少ないと言われます。外国のテレビや映画などを見て、表情の豊かさに驚くことも多いですよね。そんな中、**表情豊かにほめることができたら、「ほめ」の効果はさらにアップ**します。

表情と仕草、そしてほめフレーズ、本章のほめテクニック、これらが自然に実践できるようになれば、あなたはもう、立派な「ほめる達人」です。

話は全力の拍手でほめる

拍手

相手も自分も幸せにする「拍手」

「ほめ」を言葉ではなく態度で示す方法としておススメなのが、心を込めた拍手をすることです。

朝礼や会議の発表の前後など拍手をする場面で、皆さんは全力で拍手をしていますか？　そういう流れだから、となんとなく惰性で手を叩いてはいないでしょうか？

本書を読んで「ほめ」を日常に取り入れていこう、という皆様には、**拍手は全力**でしてほしいのです。

きちんと相手のほうを向いて、それはもう、**指の骨が折れるくらい**に、です。

拍手は、もちろんされた側の人も幸せな気持ちにしますが、**拍手をする人自身にもよい効果をもたらします。**

手のひらには多くの重要なツボがあり、全力で拍手をすることはそのツボを刺激することになるからです。そうすると、イライラや落ち込み、無気力などが解消されます。

また、手のひらから伝わった刺激が脳を活性化させ、前向きなアイデアが浮かびやすくなるそうです。

拍手によって「場づくり」の効果も期待できます。たとえばプレゼンで質問を受けた際には、相手に回答するとともに、会場全体に「こういう気づきがありましたね。素晴らしい質問でした」と伝えつつ、質問者に拍手を送る習慣をつけましょう。
こうして、質問者をヒーローやヒロインにすると、会場に一体感が広がります。

拍手を仕組みとして取り入れる

これだけ効果があるのですから、拍手をする機会を意識して作っていきたいですよね。私がおススメしているのが「Good & New」というもの。
これは、朝礼やチームミーティングなどの場で、**最近あったいい出来事や新しい発見を、持ち回りで参加者の1人ないし数人が発表する**、というものです。
ポイントは、**話の内容いかんにかかわらず、聞いた人は全力で拍手をする**、とルール化することです。

これにより、発表した人はもちろん承認されたことを感じて自信につながりますし、拍手をした側も脳が活性化する、という一石二鳥の効果が生まれます。
朝礼であればその日1日が活発で気分よく過ごせるきっかけになりますし、ミーティングの最初に行なえば、いいアイデアが浮かんだり、皆さんが説明する内容が理解されやすくなるという効果も生まれます。

元手や下準備がなくともはじめられますから、職場で取り入れてみてはいかがでしょうか？

51

プラス一言で、より伝わるあいさつにしよう
二言あいさつ

意識を込めたあいさつで心の距離を縮める

あいさつの重要性はよくご存じだと思います。その重要な「あいさつ」をワンランクアップさせる方法がこの**「二言あいさつ」**です。

二言あいさつとは、**普段のあいさつに意識して一言つけ加えること**です。プラス一言でなくて「プラス1アクション」でも構いません。

たとえば出社して誰かに会ったときの「おはよう」。ここに**一言（1アクション）プラスする**のです。

「おはよう。**今日もいい天気だね**」
「おはよう。**(にこっと微笑む)**」

ただ「おはよう」というよりも、心の距離が縮まりますよね。一言加えるだけで、自分も相手も気持ちよく1日のスタートを切れるのですから、使わない手はありません。

例では基本的な1アクションとして笑顔をプラスしましたが、取引先との打ち合わせ前であれば「今日もよろしくお願い

します。**（握手）**」、部下が契約を取って外回りから帰ってきたら「お帰り！　やったな！**（ハイタッチ）**」と、状況に合わせて応用を利かせるのもすてきですね。

感謝の気持ちを伝えたいときも、「ありがとう。おかげで助かったよ！」「ありがとう。君に任せてよかった」と、**自分がどう感じたのか、どう心が動いたのか、を意識して一言プラスすると**相手により気持ちが伝わりますし、「自分が役に立ったんだな」「こんなに感謝してくれるなら、次も手伝おう」と、モチベーションも上がります。

プラス「名前」は効果絶大

そうは言っても、とっさに何をプラスしていいのか思いつかない、という場合のとっておきの言葉は「相手の名前」です。
５章の名刺交換の項目でも触れましたが、**相手の名前を口にすることは、その人を最も高く認めること**です。

「○○さん、おはよう」
「○○さん、どうもありがとう」

職場で下の名前を呼ぶことはなかなかないと思いますから、普段通り名字で呼びかけるので構いません。
あいさつに相手の名前をプラスするだけで、「あなただけに向けたあいさつ」だと伝わります。
自分の名前を呼ばれて嫌な人はいませんから、「あいさつに相手の名前をプラス」を習慣にしましょう。

52

「ほめ言葉のサンドイッチ」でほめ効果UP

3S×S

（スリーエスかけるエス）

まずは3Sを口グセにしよう

「すごい！」「さすが！」「素晴らしい！」というほめ言葉の「３Ｓ」については、プロローグでご説明しましたね。まずは、この３つを口グセにしてしまいましょう。

３Ｓは**2つを合わせ技で使ってもOK**です。「素晴らしい！さすがだね！」のように、組み合わせて使うと、単調になることを避けられ、ほめの相乗効果も生まれます。

心が動いたとき、３Ｓを自然に口に出すことができるようになってきたら、**その理由も伝える**ように心がけます。

「すごい！　このアイデアはとても面白そうだね！」
「さすが○○さん！　いつも資料が丁寧で助かるよ」
「素晴らしい！　次回はその方法を試してみよう」
なんだかワクワクしてきませんか？

ほめ言葉で具を挟んで、極上のサンドイッチに！

読者の皆さんに特におススメしたい応用テクニックが３Ｓ（パン）で具体的なほめ言葉（具）を挟む**ほめ言葉のサンドイッチ、「３Ｓ×Ｓ（サンドイッチ）」**です。

たとえば、「さすが○○さん！　あの難しい条件をクリアして契約が取れたんだね。すごい！」という感じです。

分解すると、

「さすが○○さん！」（１枚目のパン）
「あの難しい条件をクリアして契約が取れたんだね」（具）
「すごい！」（２枚目のパン）

となります。

ここでポイントとなるのが、「具」の部分です。具とは、サンドイッチでは具材のことですが、ほめ言葉においては「具体的な事実・エピソード」を指します。この例で言うと「契約が取れた」という事実が具材ですね。

さらにほめる達人になると、この具材に調味料も効かせていきます。

「難しい条件をクリアした」という具材の味を引き立たせる調味料を効かせて、ほめ言葉のサンドイッチをさらに極上のものに仕上げるのです。どうですか、言われたほうは、思わずかぶりつきたくなりますよね。

何がすごいのか、どこが素晴らしいのか、きちんと考えて言葉にする、これが「ほめ」の極意です。

ほめるときにこの「サンドイッチ」を意識して言葉にすれば、相手の心にグッと響くほめ言葉になりますよ。

53

「ほめ」が幸せな連鎖を生む

ティーアップほめ

ほめ言葉を自然に相手の耳に入れる陽口（ひなたぐち）

面と向かってほめるのではなく、ほめ言葉が自然と相手の耳に入るようにする方法もいくつかあります。

たとえば**「間接ほめ」。その場にいない第三者をほめる、いわば「プラスの噂話」**、陰口の反対、陽口（ひなたぐち）です。

本人がいない場で「○○さんって、本当にすごいよね」と誰かに話すことを続けていると話が巡り、いつか相手の耳に入ります。すると言われた本人は直接聞く以上に感激し、喜んでくれます。

本人だけでなく間接ほめを聞く人も「人のいいところを素直にほめられるすてきな人だな」とあなたに好感を抱きます。

続いて**「三角ほめ」**。これは**その場にいる第三者に他己紹介をすること。自己紹介のように隣の人物をほめる方法**です。

営業先に後輩を紹介するような場面で、「今度僕とペアを組んで御社を担当させていただくことになった、○○という者です。学生時代はアメフトをやっていたので、ガッツと元気のよさは太鼓判です！」のように後輩を紹介するのです。

そうすると、ほめられた後輩は内心照れながらも喜ぶはずです。紹介された相手も安心してくれ、その場にいる全員が幸せな気持ちになります。

ちょっと上げて、みんないい気分

これらの応用形とも言えるのが「**ティーアップほめ**」です。ゴルフボールを打ちやすくするために、ティーでボールを少し持ち上げる、あのティーアップです。

同じように、**誰かを紹介するときに持ち上げて、相手がその人をより理解しやすいように特徴的なところをほめる**のです。

社内のＡさんと取引先のＢさんを引き合わせる場合で考えると、ＡさんにはＢさんを、ＢさんにはＡさんを徹底的に、**本人が恥ずかしくなるくらいにプラスに紹介**します。

「Ａは我が社の若手のホープと言われていて、人望も厚いので、ぜひＢさんにご紹介したいと思いまして」
「Ｂさんはこの業界に20年のベテランなんだよ。○○社さんのヒット商品△△の開発にもかかわられていたんだ」

と名前や職業だけでなく、人となりをできるだけ詳しく紹介します。

常にティーアップを心がけて人を紹介していると、「ずいぶんとほめてくれる人だな」と周囲に浸透していきます。

そして「この人を紹介したい」と思われるようになり、**実際にいい人を紹介してもらえる連鎖反応を生み出します。**

54

文字になった「ほめ」は残しておける

手紙

叱るときは口頭で、ほめるときには書いて渡す

感謝や感動を「ほめ」として口頭で伝えることはもちろん重要ですが、文字に書いて伝えることはさらに効果的です。書いて渡すと、心がより伝わりますし、書いたものは残しておいて何度も読み返すことができるからです。

私はいつも研修やセミナーで「叱るときは口頭で、ほめるときには書いて渡す」とお伝えしています。

書いてほめるときのポイントは、

①具体的なエピソードを入れる
②相手の行動や存在がどう役立ったのかを伝える
③そして感謝を伝える

の3つです。

仕事をしていれば、落ち込んだりしんどくなることがしばしばあります。そんなとき、紙に書いた「ほめ」は取り出して何度でも読み返すことができます。

口頭の「ありがとう」も記憶には残りますし、思い出すこともできますが、記憶というのはだんだん薄れていくものです。

特に落ち込んでいるときには、ほめられた記憶はなかなか表に出てきません。その点、紙に書かれた「ありがとう」はどんなときでも読み返すことができ、がんばる力に変えやすいのです。

デジタルの時代だからこそ、手書きでも伝えよう

「手紙」というと、構えてしまう方も多いかもしれませんが、もちろんメールでもＯＫです。あるいは、メモ用紙でも付箋でも、なんでもいいのです。

部下からの報告書をフィードバックする際に「わかりやすい報告書をありがとう！」と、さらっとメールに一文入れるとか、コピーをお願いする際に「○○さんが準備してくれる会議資料は、いつもきれいで助かるよ。ありがとう」という付箋を一緒に貼っておくとか、小さなことで構いません。

書くことは、自分の考えを整理することにもつながります。感謝の気持ちを書くうちに、自分が周りの人たちに、日頃どれだけ助けられているのかをあらためて感じるでしょう。

また、メールや手紙を書くためには、相手の何がよかったのかを思い出す必要がありますから、**「ほめを書いて渡す」ことを習慣にすると、自然に周囲の人をよく観察するようになり、それまで気づかなかったその人のいいところを再発見**することになります。

メールでももちろん効果的ですが、手書きで何かを伝えるという機会がほとんどなくなった現代だからこそ、あえてアナログに紙に書いて伝えることで、相手の記憶に残る「ほめ」を実践してみましょう。

Column

「ほめっぱなしの罪」に気をつけよう

「ほめ」を伝える仕事をしていると、「ほめるとモチベーションが上がっていいよね」と言われることがよくあります。私は、これは半分は正しく、半分は間違いだと考えています。**モチベーションの上げっぱなしは罪である**、と考えているからです。

特に部下や後輩をほめて伸ばそうとする場合、モチベーションが上がっても、ほめられたことに満足してしまい行動を起こさなければ、成長にはつながりません。上がったモチベーションを次の行動につなげなければ、やがて壁にぶつかります。

そのとき、「自分はできるんだ」と思っていた分、余計に挫折感が強く、落ち込みも大きくなってしまうのです。

「ほめ」とセットで、**「ほめっぱなしにせずに、ほめて上がったモチベーションの使い方も伝える」**ということをぜひ知っておいてください。

「すごい！　これができるようになったね。次はさらにここをがんばってみよう、これに挑戦してみよう！」と**次のステップに背中を押してあげる**ことが重要です。

ほめられてモチベーションが上がった状態ですから、提示された次の目標に意欲的に取り組みます。

そしてそれができるようになったら、またほめて次の目標を伝えて、という風によい**「ほめのサイクル」**が回り出すと、その部下・後輩はどんどん伸びていきます。

これこそが、正しい「ほめ」の使い方なのです。

8章

家族・身近な人も
ほめて人生をもっと
ハッピーに

一番身近な「家族」をほめることが幸せな人生への第一歩

実は最も大切な「家族をほめる」ということ

本書の最後となるこの章では、プライベートな場面、主に家族に向けて使いたいほめフレーズをご紹介します。皆さんは自分のご家族のことを、普段どのくらいほめていらっしゃいますか？

妻、夫、子ども、両親、兄弟や義父母……身近過ぎて「いるのが当たり前」の存在になってはいませんか？

実は、**家族をほめるのはとても大切**なことです。私は、これまでご紹介してきたようなビジネスシーンでの「ほめ」より、よほど大切であると心から思っています。

家族は自分の生活・人生の基盤です。家族との関係が、仕事だけでなく、人生の成功をも決めるのです。

もちろん、皆さんプロフェッショナルですから、家庭での出来事を仕事に持ち込まない、という前提で働いていることでしょう。それでもやはり、奥さん・旦那さんとケンカした次の日は仕事に向き合うのが憂うつだったり、思春期の我が子との関係がギクシャクしていて、ついそのことを考えてしまったり、ということはありますよね。

それほど、家族との関係は自分の精神状態に影響するのです。

これはつまり、**家族との関係が最高にいい状態、幸せで安泰な状態であれば、仕事でも最高のパフォーマンスが発揮できる**、ということでもあります。

ですから、一番身近な存在である家族との関係をよくすることは非常に重要で、そのために必要なのがやはり「ほめ」なのです。

家庭には「ほめること」が溢れている

家族に対する「ほめ」で一番のキーワードはやはり**「感謝」**。そしてその感謝を言葉にして伝えるということ。

「自分をここまで育ててくれてありがとう」
「いつも家族のためにがんばってくれてありがとう」
「毎日おいしい食事を作ってくれてありがとう」

家庭には、家族がいるというその存在価値から、日々の生活の小さなことまで**「感謝したいこと」で満ち溢れています。**

当たり前のことにこそ、感謝する

人は、ただほめられたいわけではありません。自分が誰かの役に立っているということを知りたい、感謝されたい、という思いが強い生き物です。

したがって、「事実＋ありがとう」は、とてもいいほめ言葉です。ほめ言葉界の横綱です。

そして、この「事実」は、小さければ小さいほどいいのです。「ほめる」というと、大きな出来事が起きるまで伝えてはいけないと思いがちですが、**小さな事実が、誰のどんな役に立ったのかを言葉にして伝えていきましょう。**

「ありがとう」を伝えることの重要性をお伝えすると、「『ありがとう』を乱発すると、価値が下がってしまう、ありがとうが安っぽくなってしまう」と言われることがあります。そこで思い出していただきたいのが、何度かお話しした、「感謝、ありがとうの反対は当たり前」ということです。**当たり前の中にこそ、感謝を見つけて伝えていきましょう。**

「ありがとう」は、時間切れになる前に伝えたい

あるご夫婦のお話です。奥様は、ご主人が自分に対して感謝の言葉を言ってくれない不満を抱えていました。

亭主関白を絵に描いたようなご主人は、普段から無口で言葉足らず。奥様は、そのご主人をずっと陰から支え続けてきました。

しかし、その我慢も50年近くの歳月で限界に近づいてきます。たまりにたまった不満を、結婚して別に家を構えている子どもにぶつけて、訴えました。

まさかの熟年離婚の危機かと、子どもは慌てて食事会と称して、家族を招集します。食事会という名の家族会議の場で、子どもは母の思いを父に率直に伝えました。

そのときのご主人の答えは「母さんには感謝している。けれど、ありがとうの言葉は、自分が死ぬときに最後の言葉として言おうと決めているんだ」というものでした。

それを聞いた奥様は、「そんなもん、いらん！」と言い放ち

ます。「死ぬときの言葉よりも、生きている今のありがとうが欲しい」と。当然の気持ちですね。
結局その日、ご主人は自分の主張を変えませんでした。

数週間後、今度はお２人の金婚式のお祝いが企画されます。
家族が集まった会の冒頭、ご主人が突然、少し時間が欲しいと、胸のポケットから手紙を取り出し、読みはじめました。
手紙には、奥様に対する感謝が切々と綴られています。そして最後は「これまで、いつも、本当にありがとう。そして、これからもどうぞよろしくお願いします」と結ばれていました。
奥様は、涙を拭きながら「はい」と、にっこり微笑みます。ご主人の目からも涙がこぼれ落ちていました。

この話、実は私の両親の話です。父は母に「ありがとう」と言えるまでに50年かかりました。
もし私が自分の奥さんに同じことをしたら、数年で放り出されてしまうでしょう。
この出来事を通じて、私はより一層**「身近な人にこそ感謝を伝えるべきだ」**という思いを強くしました。

近い存在だからこそ照れくさくて言えない、毎日一緒にいるから足りない部分が先に目についてしまう、そのお気持ち、わかります。
けれど、ちょっと勇気を出して、今日家に帰ったら家族をほめてみませんか？
その一言が、幸せな家庭を作る第一歩です。

相手を立てて「大切な存在である」ことを伝える

「○○にはパパ（ママ）のような大人になってほしいな」

家族をほめるというのは、実は結構難しいものです。先ほどもお伝えしましたが、身近な存在ゆえに、つい感謝を忘れてしまったり、照れくささが先に立ってしまいます。

「以心伝心」「阿吽の呼吸」というように、日本人は「言わずとも伝わることが美徳」という文化の中で育ってきました。

もちろんそれもすてきな夫婦、家族の関係ですが、自分の**「ほめ」の一言で家庭がパッと明るくなり、より家族の絆が深まる**のであれば、出し惜しみせず、ときにはほめ言葉を伝えてみるのもいいのではないでしょうか。

このフレーズは、170ページでご紹介した**「間接ほめ」を使い、パートナーもいる場で、子どもに向かって言うと、効果的**です。

自分にではなく子どもに対して言っていることにより、横で聞いていたパートナーは、「本当にそう思ってくれているんだな」と感じます。

言われた子どもには、パパ（ママ）の相手に対するリスペクトが伝わります。これは子どもの両親に対する感じ方にもダイレクトにつながります。

我が子にパートナーのようになってほしい、ということは**相手の存在、在り方を認めている**、ということです。一番身近な人物にほめられるわけですから、嬉しいですよね。

応用

あなたでよかった!

パートナーが何かしてくれたときに「ありがとう」に加えてこの言葉を言えたり、家庭内の困りごとをパートナーが解決してくれたときに、この言葉がパッと出てきたらいいですよね。お互いに照れるかもしれませんが、確実に笑顔になります。便利なフレーズなので、さっそく使ってみてはいかがですか。

応用

さすがパパ(ママ)!

家庭内でのほめ言葉は、シンプルなほうが伝わります。何かあるたびに長いほめフレーズを言っていたら長続きしませんし、わざとらしくなってしまいます。思わず口を突いて出てしまったような短いフレーズこそ、相手の心に刺さります。

上級編

あなたに出会わせてくれた○○さんには、足を向けて寝られないねー

２人を引き合わせた人物がいる場合に使えるフレーズ。職場で知り合った場合は、会社に置き換えても使えます。結ばれるきっかけとなった人に感謝するほど、今の生活が幸せだ、ということですから、言われた側は嬉しくなるでしょう。

家族だからこそ日頃の感謝をこまめに伝える
「いつもありがとう。がんばり過ぎないでね」

いつも一緒にいることが当たり前、毎日の生活が当たり前、そんな風になってしまう家庭は多いでしょう。しかし、「ありがとう」の反対は「当たり前」。あらゆる物ごとにおいて、当たり前だと思ったときに感謝はなくなってしまいます。

一度立ち止まって考えてみると、自分のために家事をしてくれる、健康で家族のために働いてくれる、これはとてもありがたいことです。

もし、一緒にいることが当たり前になっている人が急にいなくなってしまったらと考えると、怖くなりませんか？

「家族」として存在してくれていること自体が感謝の対象なのです。

家族という身近な存在だからこそ、**日々の生活を「当たり前」にせずに感謝を伝えて、支え合える家庭を築きたい**ですよね。

「がんばり過ぎないで」は相手のがんばりを認める言葉です。普通は「もっとがんばって」と言ってしまうところを、こう伝えることで、相手は「日頃からがんばっていることを認めてくれている」と感じ、ねぎらいが伝わり癒されます。

同時に「あなたのことを気にかけています」という気持ちも伝わりますから、言われたほうも素直に「ありがとう」という感謝の気持ちが湧き、よい「感謝」の循環が生まれます。

応用

いい子に育ててくれてありがとう

家庭の中の役割として、育児はどうしてもお母さんが中心になりがちです。ママの労をねぎらい、感謝するときに言ってみましょう。パパに対して言えば、そのパパぶり、育児への貢献に対する感謝が伝わります。

応用

これ、おいしいね！

普段の家事を当たり前にせず、感謝を言葉にすることはとても大切です。これは食事についての言葉ですが、掃除や庭の手入れなど、相手が自分のため、家族のために何か家事をしてくれたら、まず感謝の気持ちを言葉にして伝えるクセをつけましょう。よりおいしい料理の登場も期待できますよ。

ここまでできればほめ達！

上級編

（家で一人言のように）落ち着くなー。幸せってこういうことを言うのかな

面と向かってではなく、一人言が聞こえてしまったように伝える高等テクニックです。相手は恥ずかしがりながらも喜んでくれるはずです。喧嘩もしていないし、記念日でもない、何もない普通の日常に花を添えるすてきな言葉です。

愚痴にはまず共感しよう

「そうか、大変だったね。気持ちわかるよ」

仕事の愚痴、人間関係の愚痴……毎日一緒にいる家族だからこそ、パートナーの愚痴を聞く機会もありますよね。

相手が男性であれ女性であれ、**重要なポイントは「共感」すること**です。本書でも３章や６章で触れてきましたね。人は、悲しいことが起きたとき、そのこと自体が悲しいのではなく「自分にはこの悲しみに共感してくれる人がいないんだ」と感じてしまうことで本当に悲しくなります。

一番身近にいるパートナーですから、**何はなくともまずは共感し、１人じゃないよ、ということを伝えましょう。**

男性脳・女性脳という言葉があるように、悩みごとを誰かに話すときに男性は解決を求め、女性はただ話を聞いてほしいだけだ、と言います。しかし、「共感」はその前段階として男女問わず求めていることですので、「愚痴を聞いたらまず共感」を習慣にしてしまえば、問題ありません。

共感さえすれば、問題そのものを解決できなくても、相手の苦しみや悲しみを減らすことができます。

私は以前、夫婦円満の秘訣は「運送屋か配送屋になることだ」という話を聞き、「解決しなくていいんだ」と目からウロコが落ちました。それ以来このあいづち（うん、そうやなぁ）（はい、そうやなぁ）を実践し、効果を実感しています。

応用

（愚痴に対して）がんばってるね。
私（僕）にできることない？

相手に共感し、ねぎらうことで相手のがんばりを認めるフレーズ。それに加えて「あなたの役に立ちたい」という気持ちも伝えていますから、実際には愚痴に対してあなたができることはないとしても、相手は嬉しい気持ちになります。

NG

がんばって！

相手を励ますつもりで言ってしまいがちですよね。これだと現状のがんばりを肯定していないので「今でも十分がんばってるんだよ」と反感を持たれかねません。**「がんばってるね」**と、たった２文字の違いですが、大きな違いです。

自分はいつでもあなたの味方です、という気持ちを伝える言葉。相手に安心感を抱いてもらえます。間違っている・いないに関係なく、共感を得ることで、前を向けるのです。大切な人にこそ、使いたい言葉です。

大切に思う気持ちを素直に伝える

「うちの子どもに生まれてきてくれて、ありがとう」

子どもをほめることは大切、と頭ではわかっていても、育児は毎日のことですから、ついつい叱ったり小言を言う機会のほうが多くなってしまう、という方も多いのではないでしょうか。

子どもは、見た目は親（自分）の縮小コピーです。しかし、ピュアな存在である分、内面はその性質が拡大コピーされて表現されます。

だから自分の嫌な部分が子どもに投影されて目につき、よい面をほめるよりも悪い面を叱ることが多くなってしまうのです。

誰でも我が子は宝物ですよね。自分の命に代えても守りたい大切な存在です。この思いがあるのに、悪い面ばかりに目を向けて、叱ってばかりいるのはもったいないことです。

子どもが自分たちにとっていかに大切な存在であるかを言葉にして伝えましょう。

もちろん「悪いことは悪い」と叱ることは大切です。しかし、それ以上に**子どもの存在を認め、いかに大切な存在であるかを伝えることは子どもの心を成長させる上で重要**です。

近年、子どもの自己肯定感が低いと言われています。これは、周りにいる大人の自己肯定感が低いからです。まずは「ほめ」で親が自己肯定感を高め、子どもの可能性を信じて伝えることで、子どもの自己肯定感を育てましょう。

応用

それ、面白そうだね

子どものやっていることや好きなものに関心を寄せるフレーズ。子どもが何を考えているのかわからない。ゲームや漫画に夢中になってばかりいる。そこで頭ごなしに叱るのではなく、そっと関心を寄せてみましょう。新しい才能の発見があるかも。

応用

あなたならきっとできる

根拠のない自信を育てるフレーズです。「～～だからできる」という根拠のある自信は、その根拠が崩れると自信も崩れてしまいますが、根拠のない自信は崩れようがありませんから、ずっと持ち続けられます。心が折れない、しなやかな生き方のベースを作るフレーズでもあります。

ここまでできればほめ達！

上級編

何があっても私たちはあなたの味方だよ

前項の「上級編」と似ていますが、人は「自分の存在を絶対的に認めてくれる人がいる」と思うだけで安心できます。この安心感は、やがて大人になったときに精神の根っこを支える大きな拠りどころになりますから、ぜひ伝えておきたい言葉です。

努力・過程をほめてさらなる成長を促す

「がんばっていたもんね」

子どもはほめることによって、成長します。一度できたことをほめられると、その行動が強化され、繰り返すからです。ですので、どんな小さなことでもいいので我が子ががんばっていたら、その努力や過程をほめてあげましょう。

大切なのは、才能や能力・結果ではなく、努力・過程・行動をほめることです。

たとえばテストで高い点を取ったとき、通知表の成績がよかったときは、このフレーズでほめます。

そうすると、「努力をすれば親は見ていてくれる」と安心し、次からはもっとがんばろう、という気持ちになります。努力をほめることで、子どもの伸びしろは最大限に引き出されていきます。

この「努力や過程・行動をほめる」を大前提として、私は子どもを伸ばすほめ方のポイントは、次の５つだと考えています。我が子をほめるときの参考にしてみてください。

①他の子どもと比較しない
②結果よりも過程を重視する
③小さな行動や小さな成果を大いに評価する
④「たまたま」をほめる
⑤子どもの可能性を心から信じる

応用

「3年先の稽古」だね。見てくれている人は必ずいるよ

努力しても報われない、と感じることはあります。そんなときに使いたいフレーズです。すぐに結果が出なくても、いずれ必ず実になる努力があることを教えましょう。また、これを言う大人自身も、心に刻んでおきたい言葉でもあります。

NG

○○は頭いいもんね

ほめ言葉として使いがちな「頭がいい」という言葉。「○○がいい」というほめ方は、そのジャンルで壁にぶつかったときに「自分はここまでだ」と限界を設定してしまいます。**「天才だね」「最高だね」**という言葉ならば、ジャンルを限定しませんし、上限がなく、限界は感じないのでＯＫです。

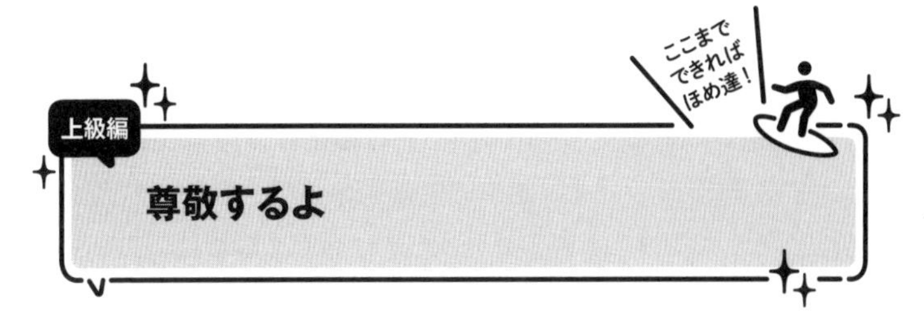

上級編

尊敬するよ

どんな小さなことでも、この言葉でほめると、その部分がどんどん伸びます。**人は尊敬を裏切ることは、なかなかできません。**尊敬には尊敬で返そうと思うので、**子どもも１人の人格を持った人物として接し、尊敬を伝えること**が大切です。

飲食店
60

外食は「ほめネタ」の宝庫!
ほめてえこひいきされる客になる

「○○が特に おいしかったです!」

飲食店は、絶好の「ほめ」のトレーニングの場です。

家族や仕事仲間などと違い、距離がある相手な分、慣れていなくても「ほめ」を実践しやすいという面もあります。ほめっ放しで帰れるので、練習をするにはうってつけです。

「すてきな笑顔ですね」「おいしいです!」、こう言うだけで、相手はとても喜んでくれます。

ほめると相手が幸せになる、ということを目の当たりにできるので、自分のほめへのモチベーションも上がります。

このフレーズは、単に「おいしかった」だけでなく、「特に」と**具体的に気に入ったメニューを挙げています**。こうすることで「本当にその料理を気に入ってくれたんだな」と**言葉の信ぴょう性が増す**ので、相手の心により刺さります。

サービスする側も、**気分のいいお客様にはよりよい接客をしたいと思う**ものです。副次的な効果として、こちらの名前を覚えてくれたり、ときには一品おまけしてくれたり、ささやかなサプライズも期待できます。

そうしてこちらもまたお店をほめたくなる、すてきな循環が生まれます。

私は飲食店は**「ほめのバッティングセンター」**だと考え、食事をしながら日々「ほめトレ」を重ねています。

応用

（食事中に）次の予約、お願いしてもいいですか

チェーン店ではなく、料理人の顔が見える小さな飲食店でなじみのお店を作りたいときに使えるフレーズ。料理人がもっとも嬉しいほめ言葉は「また来ます」。そして、さらに嬉しいのが実際にまた来てくれること。いいお店を見つけたら、ぜひ。

応用

完璧！

飲食店以外でも「ほめ」にオールマイティーに使える言葉です。サービスや料理でも、この言葉でほめれば自分が満足していることが相手に伝わりますから、言われた店員さんも笑顔になるでしょう。シンプルですが、相手のサービスの手が止まるほどのインパクトのある言葉。おススメのフレーズです。

ここまでできればほめ達！

上級編

本当に気に入ったお店にはお礼状を出す

飲食店が、お客さんから手紙をもらう機会はめったにないので、それだけで嬉しいものです。スタッフ全員の目に触れさせることができるので、お店全体に「ほめ」を届けることができ、あなたの印象も強く残ります。

大切な人の大切な人へ

「〇〇さんをすてきな人に育てていただいて、ありがとうございます」

パートナーの親というのは、なかなかほめるのが難しい対象かもしれません。

家庭によって事情や状況はさまざまですが、「家族」と言うには少々気を使う、かといって「他人」でもない、そんな、距離感をつかみづらい存在が義父母ではないでしょうか。

難しい関係ですが、つき合いはずっと続くのですから、心の距離を縮めて、**「義理の」とつけなくてもいい本当の家族のような仲になれたらいい**ですよね。

義父母はなんと言っても、一番身近で一生を添い遂げようと決めたあなたの**パートナーを育ててくれた偉大な存在**です。

そう考えると自然と感謝の気持ちが湧いてきます。このフレーズは、そんな感謝の気持ちを率直に伝える言葉です。

親にとって、我が子をほめられるのは、自分がほめられたのと同じか、それ以上に嬉しいものです。そして、感謝を素直に伝えてくれる人間だと感じた義父母の中で、あなたの株が上がります。

また、言葉を伝えた相手は義父母ですが、パートナー自身も自分が「すてきな人」と言われているのですから当然喜びます。

夫婦関係、義父母との関係を両方まとめて良好にできる、おススメのフレーズです。

応用

○○さんに、いつも助けてもらってます

パートナーに対するあなたの感謝の気持ちが感じ取れる言葉です。言われた義父母は「うちの子はちゃんとパートナーに感謝されている、大切にされている」と感じます。そしてあなたの評価もグンと上がることでしょう。

応用

昔からの家族だったような気がします

何かお世話になったとき、お礼とともに言いたいフレーズ。義父母にお礼を言うときは、つい謙遜したり自分を下げることで相手を高めようとしがちですが、それでは他人行儀なまま、距離は縮まりません。「家族だからこんなによくしてくれるんですよね」と、相手の懐に飛び込んでしまいましょう。

ここまでできればほめ達！

上級編

お2人のような夫婦になりたくて○○さんを選びました

これまでの義父母夫婦の在り方、家庭の作り方、すべてに対する尊敬が感じられるフレーズ。自分たちの数十年が丸ごと認められるのですから、言われた相手はとても喜びます。照れくさいかもしれませんが、義父母の喜ぶ姿には代えられません。

自分の成長を伝える、という親孝行

「お父さん（お母さん）みたいな年の重ね方をしたい」

ここまで、家族は身近だからこそほめるのが難しい、とお伝えしてきましたが、最難関ともいえるのが「自分の両親」ではないでしょうか。あまりに身近なため、なかなか感謝の言葉をかけることができないのです。

１人暮らしをはじめたとき、社会に出て働きはじめたとき、**親の苦労やありがたさ**を感じたはずです。働きはじめて数年経つと、**親の偉大さ**も身にしみてきますよね。

その気持ちを言葉にして伝えることこそが、親にとって最大の「ほめ」になります。

親が一番嬉しいのは、自分たちの子育てが間違っていなかったと感じること。このフレーズで、自分の成長を両親に伝えましょう。素直だった幼少期から、反抗期、ちょっと距離を置こうとしていた青年期、すべてを間近で見てきた我が子がこんなことを言うなんて、と成長を感じてくれることでしょう。

「自分と同じ年の重ね方をしたい」ということは、**これまでの自分の人生、子育てを認めてくれている**ことに他ならず、親にとってこれ以上の喜びはありません。

普段から言葉にできればベストですが、両親の誕生日や父の日、母の日など、伝えやすいチャンスはたくさんありますから、機会を見つけ、**恥ずかしがらず**に伝えましょう。

応用

お父さん(お母さん)のすごさがようやくわかるようになってきたよ

社会人になると、親がいかに苦労をして自分を育ててくれたかを実感します。自分も子を持つ立場なら、なおさら両親の偉大さを感じることでしょう。その気持ちを素直に伝えれば、「大人になったなぁ」と感じ、喜んでくれます。

応用

この家族でよかった

団らんしているときや、離れて住んでいる場合は帰省してくつろいでいるときなどに、フッと言いたいフレーズです。自分たちの築いてきた家庭が幸せなものであることを再認識し、全員があたたかい気持ちになるでしょう。

ここまでできればほめ達!

上級編

知らない間にお父さん(お母さん)のあとを追いかけて生きてきたんだね

年を重ねるにつれ、食べ物の好みや趣味が親に似てきて、自分でも驚いたりします。それほど、親の影響とは大きいものです。自分のあとを追いかけるということは、我が子が自分のこれまでの人生を肯定していること。とても喜ばれる一言です。

「言わなくても伝わる」では、
言いたいときに伝えられなくなる

「産んでくれてありがとう」

前項で、自分の親は身近過ぎるがゆえに、なかなかほめられない、とお伝えしました。

「今さら感謝なんて」「言わなくてもわかってるでしょ」と感じる方も多いでしょう。けれど、子どものときは絶対的な存在で「いて当たり前」だった親も、年を取ります。

仮にあなたが今30歳でご両親が60歳、お盆と正月合わせて、ゆっくり会うのが年に４日だとします。ご両親ともに85歳まで健在だとして、会えるチャンスはあと100日。そう考えると、なんだか焦りを感じませんか？

自分をここまで育て、社会に送り出してくれた感謝は、**伝えられるうちに思う存分、伝えておくべき**ではないでしょうか。

２人がいなければ、自分は今ここにはいません。そういう意味で、**もともと感謝すべき存在ですから、一度ほめることに慣れてしまえば、次々と言葉が生まれてくるはず**です。

このフレーズは、特に母親に向けて伝えたい言葉です。自分に生を授けてくれたことに感謝する、最もシンプルで最も根源的なほめ言葉です。

毎年の自分の誕生日に言うと、より感激してもらえます。**自分の誕生日に一番がんばったのは母親**ですから、私は毎年自分の誕生日に母にこの言葉を伝えるようにしています。

応用

2人（あなた）の子どもに生まれて幸せ。ありがとう

結婚式の「両親への手紙」でよく聞くフレーズですね。そういう特別なときだけでなく、普段からこれを伝えられると、親が喜ぶのはもちろんのこと、言った自分自身もあらためて親のありがたさを感じられ、皆が幸せな気持ちになれます。

応用

2人（あなた）のおかげでここまで来られました。ありがとう

これまでのすべての感謝を含んだフレーズです。「ここまで」がどの段階であっても、２人の子育てに感謝している言葉なので、タイミングを選びません。「自分たちがやってきたことは間違っていなかった」と感じ、喜んでくれることでしょう。

照れくさい言い回しですが、何度かご紹介した「スペシャル」「ドリーム」のように、あえて突飛な言葉を使うことで相手と自分の心に深く刺さります。インパクトがあり、記憶に強く残り、自分自身の人生を切り拓いていくほめ言葉とも言えます。

著者略歴

西村貴好（にしむら たかよし）

一般社団法人日本ほめる達人協会理事長
覆面調査会社での経験から、ダメ出しの限界と「ほめて伝える」効果の大きさに気づく。その後、「ほめて、結果を出す」ことを体系化した研修を開発。採用する企業の実績は平均して前年比120%、3ヶ月で売上を161%にする店舗も。2010年より、ほめる力がつく一般向けセミナー「ほめ達！ 検定」をスタート。経営者・管理職はもとより、教師や会社員、子育て中のお母さんや学生など、多くの方から評判に。5年連続年間200回以上の講演・セミナーを続けている。NHKをはじめテレビ出演多数。『ほめる生き方』（マガジンハウス）、『心をひらく「ほめグセ」の魔法』（経済界）、『繁盛店の「ほめる」仕組み』（同文館出版）など著書多数。

問い合わせ先　一般社団法人日本ほめる達人協会
mail：kouhou@hometatsu.jp　　HP：http://www.hometatsu.jp/

ほめ達 で検索

新装版　結果を引き出す 大人のほめ言葉

2024年5月2日　初版発行

著　者――西村貴好

発行者――中島豊彦

発行所――同文舘出版株式会社
東京都千代田区神田神保町1-41　〒101-0051
電話　営業03（3294）1801　編集03（3294）1802
振替00100-8-42935
https://www.dobunkan.co.jp/

ISBN978-4-495-53872-9

印刷／製本：萩原印刷

Printed in Japan 2024